발 행 일		2021년 09월 01일 (1판 1쇄)
개 정 일		2024년 01월 15일 (1판 14쇄)
I S B N		978-89-8455-043-8 (13000)
정 가		10,000원

집 필		최은영
진 행		유시온
본문디자인		디자인앨리스

발 행 처		(주)아카데미소프트
발 행 인		유성천
주 소		경기도 파주시 정문로 588번길 24
홈 페 이 지		www.aso.co.kr / www.asotup.co.kr

 **나의 타자 실력을 기록해보세요!**

구분	날짜		오타수	정확도	확인란	구분	날짜		오타수	정확도	확인란
1	월	일				13	월	일			
2	월	일				14	월	일			
3	월	일				15	월	일			
4	월	일				16	월	일			
5	월	일				17	월	일			
6	월	일				18	월	일			
7	월	일				19	월	일			
8	월	일				20	월	일			
9	월	일				21	월	일			
10	월	일				22	월	일			
11	월	일				23	월	일			
12	월	일				24	월	일			

이런 내용으로 구성되어 있어요!

배울 내용 미리보기

각 장별로 배울 내용을 만화로 미리 확인할 수 있어요.

창의력 플러스

본문 학습 내용과 관련된 다양한 형태의 문제들을 스스로 해결하면서 창의력을 높일 수 있어요.

본문 따라하기

한글 NEO(2016)의 여러 가지 기능들을 체계적으로 학습할 수 있도록 구성되어 있어요.

혼자서 뚝딱 뚝딱

앞에서 배운 내용을 다시 한 번 복습할 수 있도록 문제를 제공해요.

목차

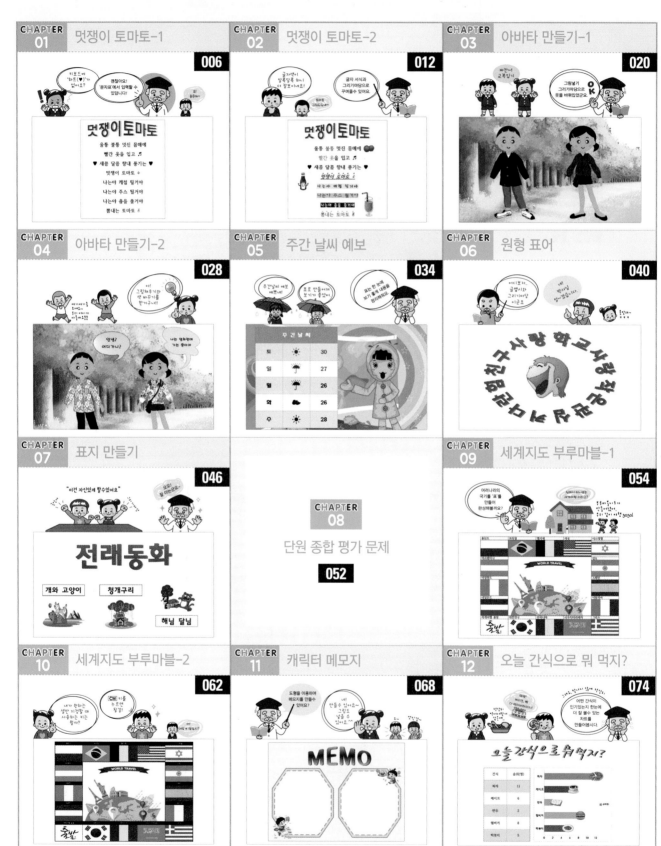

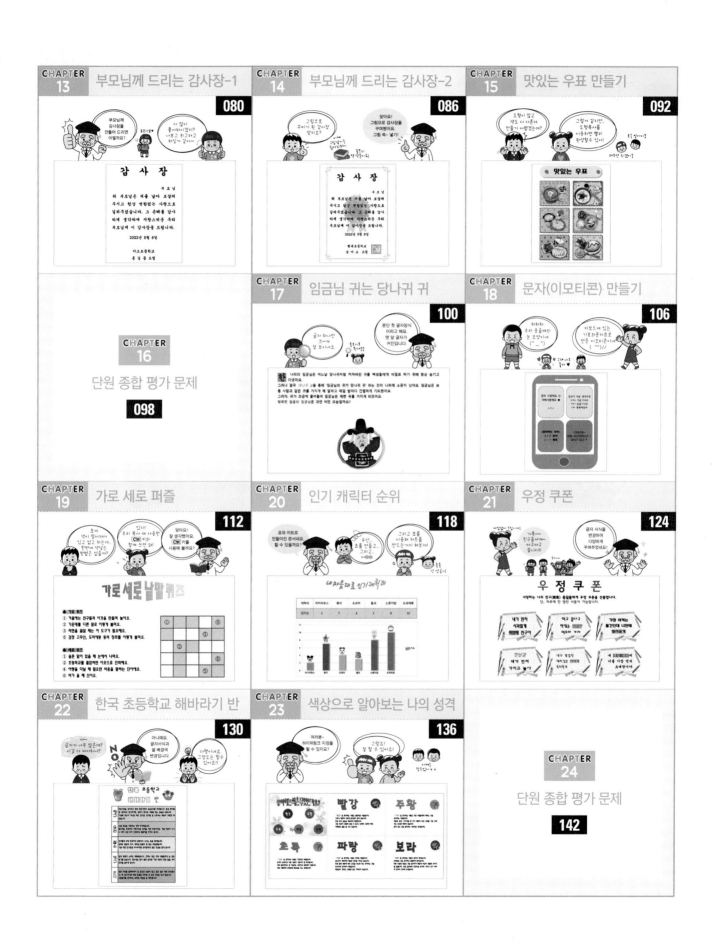

멋쟁이 토마토-1

학습목표

● 글맵시를 만들어 모양을 변경해 봅니다.
● 글자 서식을 변경하고 문자표를 입력해 봅니다.

📁 불러올 파일 : 1장.hwp   💾 완성된 파일 : 1장(완성).hwp   🎨 색상 테마 : 없음

창의력 플러스

1 좋아하는 동요는 무엇이 있나요? 친구들에게도 소개해보아요.

> 예 나는 곰 세마리 동요를 좋아해요. 율동이 쉬워서요.

2 동요에 나오는 아빠 곰과 엄마 곰을 그려보세요.

아빠 곰   엄마 곰

예 애기 곰

---

01 **파일 불러오기**

1 [시작]-[한글]을 클릭하여 [한글NEO(2016)]을 실행
합니다.

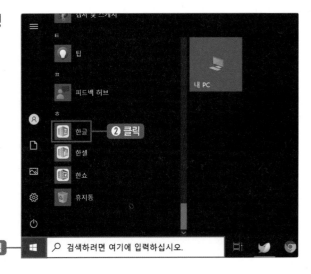

② [파일] 탭을 클릭한 후 [불러오기(📂)]를 클릭합니다.

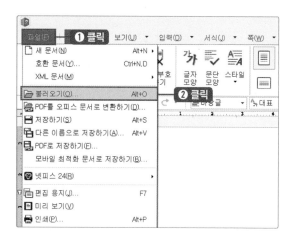

③ [불러오기] 대화상자가 나오면 [불러올 파일]-[1장]-'1장.hwp' 파일을 선택한 후 <열기> 단추를 클릭합니다.

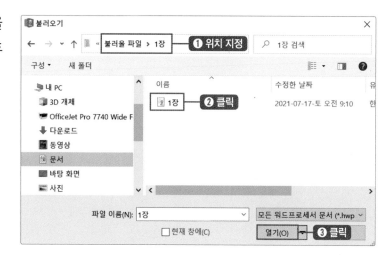

02 글맵시 만들기

① 첫 번째 줄의 '울' 앞을 클릭한 후 **Enter** 키를 눌러 줄을 바꿉니다.

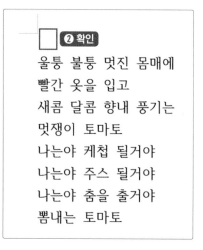

❷ 첫 번째 줄을 클릭한 후 [입력] 탭에서 '글맵시(글맵시)'의 목록 단추(▼)를 클릭합니다. 이어서, '채우기-
남색, 연보라색 그림자, 아래로 계단식 모양'을 선택합니다.

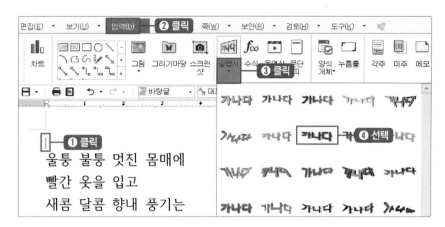

❸ [글맵시 만들기] 대화상자가 나오면 그림과 같이
내용('멋쟁이 토마토')을 입력합니다. 이어서, 글
맵시 모양을 클릭하여 '위쪽으로 팽창'을 선택한
후 <설정> 단추를 클릭합니다.

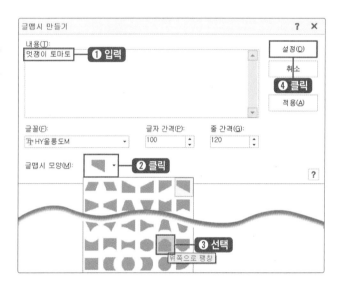

❹ '멋쟁이 토마토' 글맵시를 더블 클릭하여 개체 속성 대화상자에서 [기본] 탭의 크기에서 너비 130mm,
높이 30mm을 입력한 후 위치에서 '글자처럼 취급'을 체크하고 <설정> 단추를 클릭합니다.

※ 글맵시를 선택하여 글맵시 탭에서 [개체속성]을 선택할 수도 있습니다.

① **Ctrl** + **A** 키를 눌러 문서의 전체 내용을 선택합니다. 이어서, [서식 도구 상자]에서 '글자 크기(가 10.0 pt ▼)'의 목록 단추(▼)를 클릭하여 '24pt'를 선택합니다.

※ 전체 내용을 드래그하여 블록으로 지정하는 방법도 있습니다.

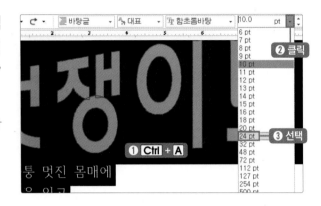

② 이어서, '가운데 정렬(≡)'을 선택한 후 줄 간격(가 160 % ▼)의 목록 단추(▼)를 클릭하여 '200%'를 선택합니다.

TIP 줄 간격

줄 간격은 줄과 줄 사이의 간격으로 기본 값은 160% 이지만, 줄 간격을 200%로 지정했기 때문에 줄 간격이 늘어나게 됩니다.

③ [파일]-[다른 이름으로 저장하기]를 클릭한 후 자신의 폴더에 '토마토-1(홍길동)'으로 저장합니다.

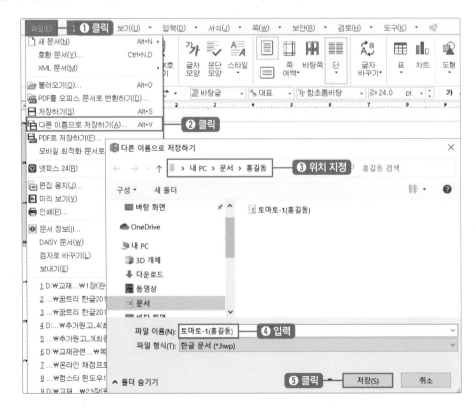

불러올 파일 : 1장_혼자서.hwp 🗀 완성된 파일 : 1장_혼자서(완성).hwp

① 다음과 같이 세 번째 줄에 문자표를 입력합니다.

- 문자표는 [원하는 자리에서 클릭]-[마우스 오른쪽 단추 클릭]-[문자표 클릭]

- [사용자 문자표] → 문자 영역(기호2) → ♥ ♬

- [유니코드 문자표] → 문자 영역(특수 문자)
  → 👍✌

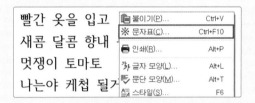

빨간 옷을 입고
새콤 달콤 향내
멋쟁이 토마토
나는야 케첩 될거

📋 붙이기(P)...	Ctrl+V
※ 문자표(C)...	Ctrl+F10
🖨 인쇄(R)...	Alt+P
가 글자 모양(L)...	Alt+L
문단 모양(M)...	Alt+T
스타일(S)...	F6

멋쟁이토마토

울퉁 불퉁 멋진 몸매에

빨간 옷을 입고 ♬

♥ 새콤 달콤 향내 풍기는 ♥

멋쟁이 토마토 👍

나는야 케첩 될거야

나는야 주스 될거야

나는야 춤을 출거야

뽐내는 토마토 ✌

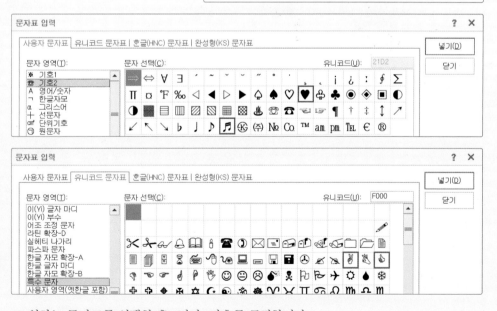

※ 원하는 문자표를 선택한 후 <넣기> 단추를 클릭합니다.

멋쟁이 토마토-2

학 습 목 표

- 글자 서식을 변경해 봅니다.
- 그리기마당의 클립아트를 입력해 봅니다.

> ※주의 색상 테마 설정후 색상을 지정할 때 한글 NEO의 업그레이드 상태에 따라 색상 이름이 다르게 나오거나 이름이 없는 경우가 있습니다.(오류인 듯) 이런 경우 비슷한 색상으로 지정해주시기 바랍니다.

📁 불러올 파일 : 2장.hwp   💾 완성된 파일 : 2장(완성).hwp   🎨 색상 테마 : 오피스

글자색이 알록달록 하니 더 잘보이네요!

토마토 그림도있네~

글자 서식과 그리기마당으로 꾸며줄수 있어요.

멋쟁이토마토

울퉁 불퉁 멋진 몸매에

빨간 옷을 입고 ♬

♥ 새콤 달콤 향내 풍기는 ♥

 멋쟁이 토마토 ♪

나는야 케첩 될거야

나는야 주스 될거야

나는야 춤을 출거야

뽐내는 토마토 ✌

● 토마토는 케첩과 토마토 주스로도 만들어지네요.
왼쪽 재료로 만들어질 음식을 연결해주세요.

01 글자 색 변경

① 한글 NEO(2016)을 실행한 후 [파일] 탭에서 [불러오기(📁)]를 클릭합니다. 이어서, [불러오기] 대화상자가 나오면 [불러올 파일]-[2장]-'2장.hwp' 파일을 선택한 후 <열기> 단추를 클릭합니다.

② '울퉁'을 드래그하여 블록으로 지정한 후 [서식 도구 상자]에서 글자 색()의 목록 단추(▼)를 클릭합니다. 이어서, '보라'를 선택합니다.

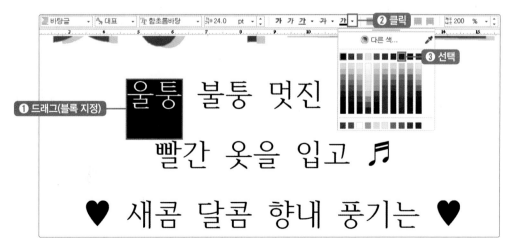

※ 색상 테마는 '오피스'입니다.

③ 블록이 지정된 상태에서 [서식 도구 상자]의 '진하게 (**가**)'를 클릭한 후 **Esc** 키를 눌러 모든 선택을 해제합니다.

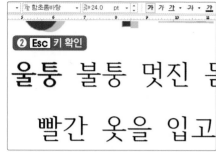

④ 똑같은 방법으로 '불퉁'의 글자 색을 '초록'으로 변경하고, '진하게(**가**)'를 선택합니다.

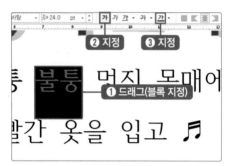
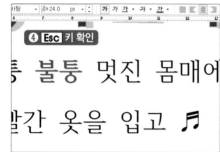

02 글자 서식 변경

① '빨간 옷'을 드래그하여 블록으로 지정한 후 블록 위에서 마우스 오른쪽 단추를 눌러 바로 가기 메뉴가 나오면 [글자 모양]을 클릭합니다.

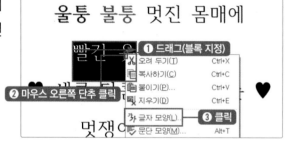

② [글자 모양] 대화상자가 나오면 [기본] 탭의 속성에서 '외곽선(**가**)'을 선택한 후 글자 색을 클릭하여 '빨강'을 선택합니다. 이어서, <설정> 단추를 클릭합니다.

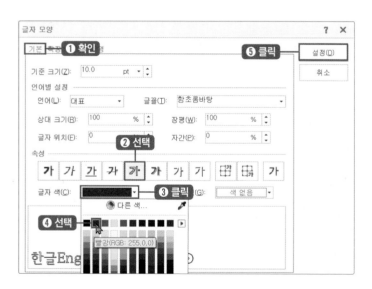

③ '멋쟁이 토마토 👍'를 드래그하여 블록으로 지정한 후 블록 위에서 마우스 오른쪽 단추를 눌러 바로 가기 메뉴가 나오면 [글자 모양]을 클릭합니다.

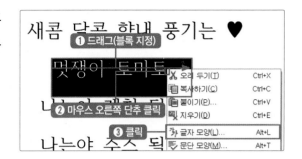

④ [글자 모양] 대화상자가 나오면 [기본] 탭의 속성에서 '기울임(가)'과 '밑줄(가)'을 각각 지정합니다.

⑤ 이어서, [확장] 탭의 기타에서 '강조점'을 클릭하여 '두 번째 강조점(⚬)'을 선택한 후 <설정> 단추를 클릭합니다.

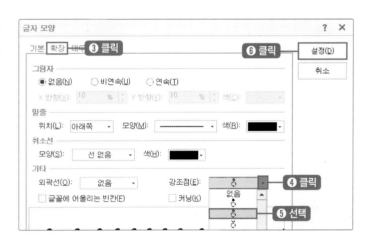

⑥ '나는야 케첩 될거야'를 드래그하여 블록으로 지정한 후 블록 위에서 마우스 오른쪽 단추를 눌러 [글자 모양]을 클릭합니다.

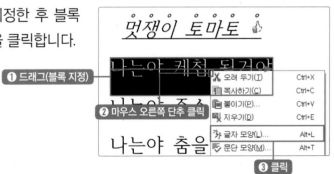

⑦ [글자 모양] 대화상자가 나오면 [기본] 탭의 언어별 설정에서 글꼴의 목록 단추(▼)를 클릭한 후 'HY바다M'을 선택합니다.

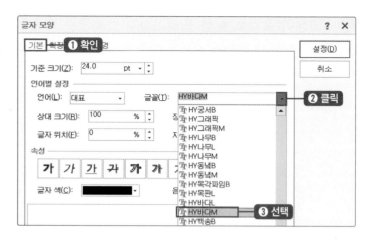

⑧ 이어서, 속성에서 '글자 색'을 '빨강', '음영 색'을 '노랑'으로 지정한 후 <설정> 단추를 클릭합니다.

　※ Esc 키를 눌러 모든 선택을 해제한 후 변경된 부분을 확인합니다.

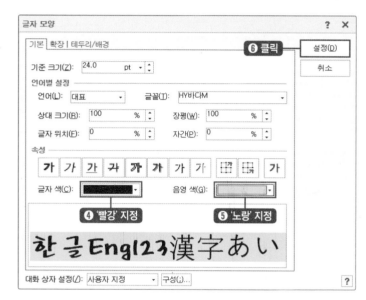

TIP [글자 모양] 대화상자

[글자 모양] 대화상자에서는 '글꼴, 글자 크기, 글자 색' 등을 한 번에 변경할 수 있습니다. 또한 [서식 도구 상자]나 [서식]- [글자] 그룹에서는 [서식 도구 상자]에서 작업할 수 없는 '강조점', '음영 색' 등을 지정할 수 있습니다.

03 그리기마당 입력하기

① [입력] 탭에서 '그리기마당(🖼)'을 클릭합니다.

② [그리기마당] 대화상자가 나오면 '찾을 파일' 입력 칸에 '토마토'를 입력한 후 <찾기> 단추를 클릭합니다.

③ 찾기 결과가 나오면 그리기 조각의 '토마토'를 선택한 후 <넣기> 단추를 클릭합니다.

④ 마우스 커서가 ✛ 모양으로 변경되면 드래그하여 클립아트를 입력합니다.

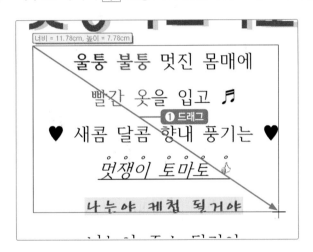 

⑤ 이어서, 조절점(☐)을 드래그하여 크기를 조절합니다.

※ Shift 키를 누른 채 조절점(☐)을 드래그하면 가로, 세로 비율을 일정한 크기로 조절할 수 있습니다.

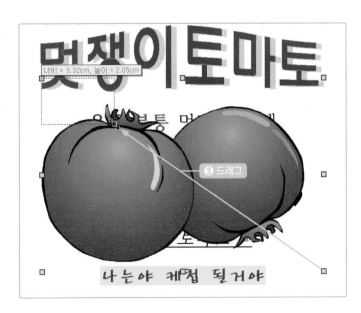

⑥ '토마토'를 드래그하여 그림과 같이 위치를 오른쪽으로 이동합니다.

⑦ 똑같은 방법으로 그리기마당의 '케첩돌이', '주스' 클립아트를 입력한 후 그림과 같이 크기와 위치를 변경합니다.

TIP

그리기마당에서 한글 NEO 버전에 따라 클립아트가 없는 경우가 있습니다. 없을 경우 자유롭게 클립아트를 지정하세요.

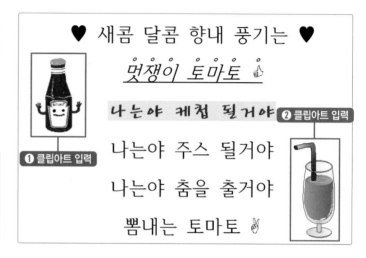

⑧ [파일] 탭에서 [다른 이름으로 저장하기]를 클릭합니다. [다른 이름으로 저장하기] 대화상자가 나오면 본인의 폴더에 '토마토-2(홍길동)'으로 저장합니다.

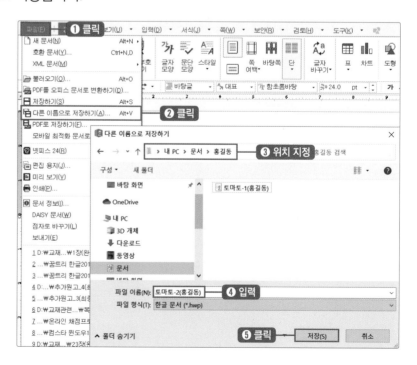

혼자서 뚝딱 뚝딱!

📂 불러올 파일 : 2장_혼자서.hwp 💾 완성된 파일 : 2장_혼자서(완성).hwp

1 [글자 모양] 대화상자를 이용하여 그림과 같이 글자 서식을 변경해 봅니다.

- 나는야 주스 될거야 : 글꼴(HY나무B), 글자 색(초록), 음영 색(보라 90% 밝게)
- 나는야 춤을 출거야 : 글꼴(한컴 바겐세일 B), 글자 색(노랑), 음영 색(보라)
- 뽐내는 토마토 ✌ : 글자 색(주황), 진하게(가), 강조점(세 번째 강조점)

멋쟁이 토마토

울퉁 불퉁 멋진 몸매에

빨간 옷을 입고 ♫

♥ 새콤 달콤 향내 풍기는 ♥

 *멋쟁이 토마토* 👍

나는야 케첩 될거야

나는야 주스 될거야

나는야 춤을 출거야

뽐내는 토마토 ✌

아바타 만들기-1

학 습 목 표

- 그림을 입력해 봅니다.
- 쪽 테두리/배경과 그리기마당을 활용해 봅니다.

📂 불러올 파일 : 3장.hwp　💾 완성된 파일 : 3장(완성).hwp　🎨 색상 테마 : 없음

창의력 플러스

● 얼굴에 눈, 코, 입 모양으로 표정을 나타낼 수 있어요.
당황, 즐거움, 슬픔, 놀람 등의 다양한 표정을 그려봐 주세요.

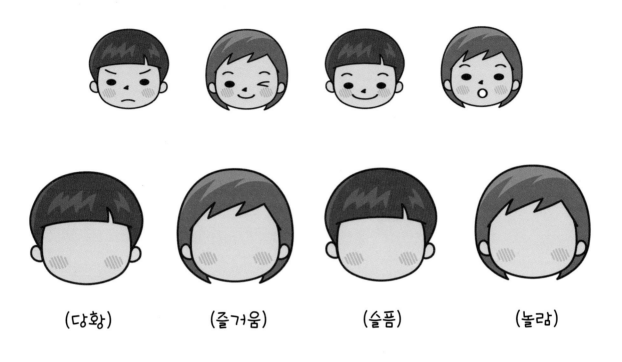

(당황)　　　　(즐거움)　　　　(슬픔)　　　　(놀람)

01 그림 입력하기

❶ 한글 NEO(2016)을 실행한 후 [서식 도구 상자]에서 [불러오기(📂)]를 클릭합니다.

❷ [불러오기] 대화상자가 나오면 [불러올 파일]-[3장]-'3장.hwp' 파일을 불러옵니다.

❸ [입력] 탭에서 '그림(🖼)'을 클릭합니다.

④ [그림 넣기] 대화상자가 나오면 [불러올 파일]-[3장]-'머리1.png' 파일을 선택한 후 <넣기> 단추를 클릭합니다.

※ 모든 그림 입력은 '문서에 포함'과 '마우스로 크기 지정'을 체크합니다.

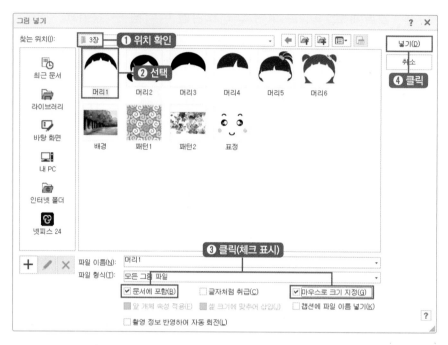

※ 오른쪽 '☑ 마우스로 크기 지정'은 가운데 '☐ 글자처럼 취급'에서 체크 표시를 지워야 합니다.

⑤ 마우스 커서가 ✛ 모양으로 변경되면 드래그하여 그림을 입력합니다. 이어서, [그림(🖼)] 탭의 [배치(▤)] 그룹에서 '글 앞으로(▤ 글 앞으로(O))'를 클릭합니다.

⑥ 조절점(☐)을 드래그하여 크기를 조절한 후 그림과 같이 위치를 변경합니다.

※ 키보드 방향키(↑, ↓, ←, →)를 이용하면 그림의 위치를 세밀하게 조절할 수 있습니다.

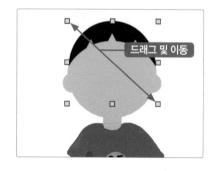

❼ [입력] 탭에서 '그림()'을 클릭합니다. 이어서, [그림 넣기] 대화상자가 나오면 [불러올 파일]-[3장]-'머리2.png' 파일을 선택한 후 <넣기> 단추를 클릭합니다.

❽ 마우스 커서가 ╋ 모양으로 변경되면 드래그하여 그림을 입력합니다. 이어서, [그림()] 탭의 [배치()] 그룹에서 '글 앞으로(글 앞으로(O))'를 클릭합니다.

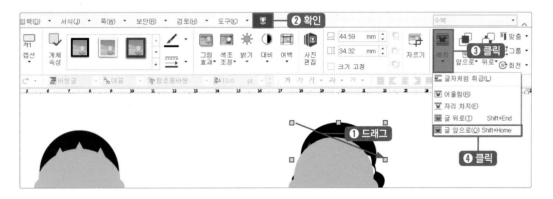

❾ 조절점(▢)을 드래그하여 크기를 조절한 후 그림과 같이 위치를 변경합니다.

❶ [입력] 탭에서 '그림( )'을 클릭
합니다. [그림 넣기] 대화상자가
나오면 [불러올 파일]-[3장]-'표정.
png' 파일을 선택한 후 <넣기>
단추를 클릭합니다.

❷ 마우스 커서가 ➕ 모양으로 변경되면 드래그하여 그림을 입력
합니다. 이어서, 조절점( )을 드래그하여 크기를 조절한 후 그림
과 같이 위치를 변경합니다.

※ 표정 그림이 보이지 않을 경우 그림 배치에서 '글 앞으로(글 앞으로(O))'
를 선택합니다.

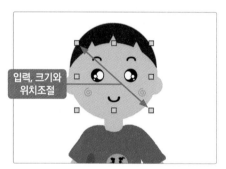
입력, 크기와 위치조절

❸ Ctrl + Shift 키를 누른 채 '표정' 그림을 오른쪽으로 드래그하여 복사한 후 키보드 방향키(↑, ↓, ←,
→)를 이용하여 위치를 세밀하게 조절합니다.

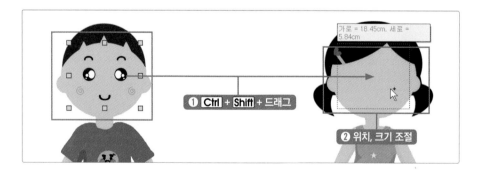
❶ Ctrl + Shift + 드래그
❷ 위치, 크기 조절
가로 = 18.45cm, 세로 = 5.84cm

❹ [편집] 탭에서 '개체 선택( )'을 클릭합니다.

❶ 클릭
❷ 클릭

⑤ 마우스 커서가 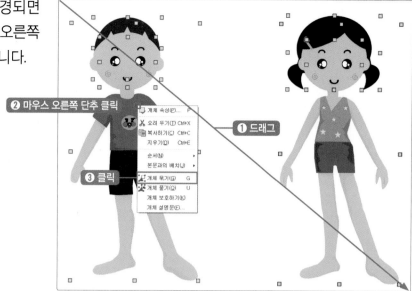 모양으로 변경되면
문서 전체를 드래그 한 후 마우스 오른쪽
단추를 눌러 [개체 묶기]를 선택합니다.

⑥ [개체 묶기] 대화상자가 나오면 <실행> 단추를 클릭합니다.

TIP 개체 묶기

작업이 복잡할 경우 여러 개의 개체들을 선택하여 [개체 묶기]로 그룹을 지정하면
다음 작업을 좀 더 쉽게 작업할 수 있습니다.

---

03 배경 넣기

① [쪽] 탭에서 '쪽 테두리/배경()'을 클릭합니다.

② [쪽 테두리/배경] 대화상자가 나오면 [배경] 탭을 클릭
합니다. 이어서, 채우기의 '그림'을 체크 표시한 후 '그림
선택()'을 클릭합니다.

❸ [그림 넣기] 대화상자가 나오면 [불러올 파일]-[3장]-'배경.jpg' 파일을 선택한 후 <넣기> 단추를 클릭합니다.

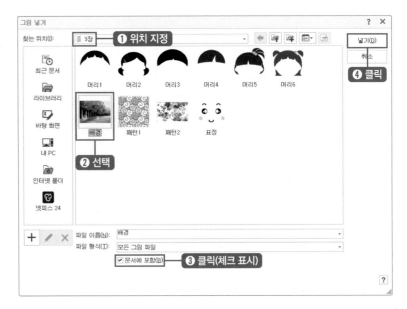

❹ 다시 [쪽 테두리/배경] 대화상자가 나오면 '그림'의 '밝기' 입력 칸에 '30'을 입력한 후 '대비' 입력 칸에 '-10'을 입력합니다. 이어서, <설정> 단추를 클릭합니다.

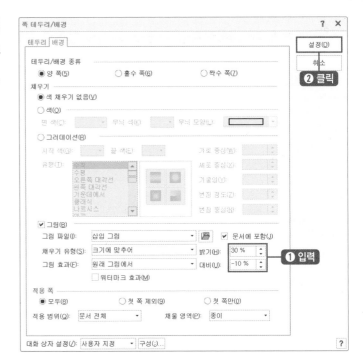

❺ [파일] 탭에서 [다른 이름으로 저장하기]를 클릭합니다. [다른 이름으로 저장하기] 대화상자가 나오면 본인의 폴더에 '아바타-1(홍길동)'으로 저장합니다.

혼자서 뚝딱 뚝딱!

📁 불러올 파일 : 3장_혼자서.hwp   📄 완성된 파일 : 3장_혼자서.(완성).hwp

1 그리기마당을 이용하여 아래 그림과 같이 아바타를 예쁘게 꾸며 봅니다.

– [입력]탭-[그리기마당(🔳)]-[그리기마당] 대화상자-찾을 파일(인형)-<찾기>-[찾기 결과]-'남자교복
하의' 선택-<넣기>-드래그-크기 및 위치 조절

– 똑같은 방법으로 '남자재킷, 남자운동화, 미니스커트, 카디건, 여자구두, 가방'을 순서대로 그림과
같이 입력

CHAPTER 04

아바타 만들기-2

- 개체에 그림을 채워 봅니다.
- 도형의 크기를 자유롭게 조절하고 대칭해 봅니다.

📂 불러올 파일 : 4장.hwp　📄 완성된 파일 : 4장(완성).hwp　🎨 색상 테마 : 오피스

● 우주선 그림을 따라 그려 볼까요? 똑같이 그리지 않아도 괜찮아요.
   나만의 우주선을 그려 보아요.

01 개체에 그림 채우기

① 한글 NEO(2016)을 실행한 후 [서식 도구 상자]에서 [불러오기(📂)]를 클릭합니다.

② [불러오기] 대화상자가 나오면 [불러올 파일]–[4장]–'4장.hwp' 파일을 불러옵니다.

③ 왼쪽 아바타(남자)의 자켓 위에서 마우스 오른쪽 단추를 눌러 [개체 속성]을 클릭합니다.

④ [개체 속성] 대화상자가 나오면 [채우기] 탭을 클릭합니다. 이어서, 채우기의 '그림'을 선택한 후 '그림 선택(📁)'을 클릭합니다.

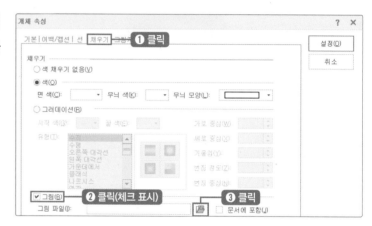

⑤ [그림 넣기] 대화상자가 나오면 [불러올 파일]-[4장]-'패턴1.jpg' 파일을 선택한 후 <넣기> 단추를 클릭합니다. 이어서, [개체 속성] 대화상자에서 <설정> 단추를 클릭합니다.

※ 모든 그림 입력은 '문서에 포함'을 체크합니다.

02 그리기마당 입력하기

① [입력] 탭에서 '그리기마당()'을 클릭합니다.

② [그리기마당] 대화상자가 나오면 '찾을 파일' 입력
칸에 '말풍선'을 입력한 후 <찾기> 단추를 클릭합
니다.

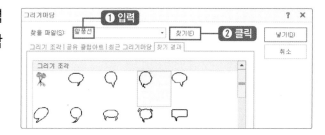

③ 찾기가 끝나면 [찾기 결과]의 '말풍선03'을
선택한 후 <넣기> 단추를 클릭합니다.

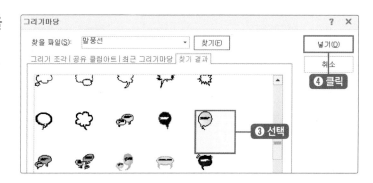

④ 마우스 커서가 ⊞ 모양으로 변경되면 드래그하여 클립 아트
를 입력합니다. 이어서, 조절점을 드래그하여 그림과 같이 크기
를 조절한 후 위치를 변경합니다.

⑤ [도형] 탭의 회전(⊙)에서 'D◀ 좌우 대칭(H)'을 클릭합니다.

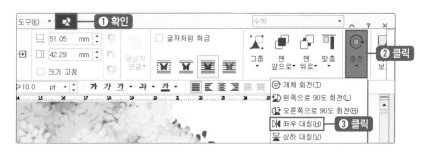

⑥ **Esc** 키를 눌러 모든 선택을 해제한 후 말풍선 안쪽('여기를 마우스로 누르고 내용을 입력하세요')을 클릭하여 '안녕? 어디 가니?'를 입력합니다.

※ '안녕?'을 입력한 후 **Enter** 키를 눌러 아래쪽으로 한 줄을 바꿉니다.

⑦ 말풍선 안의 내용('안녕? 어디가니?')를 드래그하여 블록으로 지정한 후 [서식 도구 상자]에서 '글꼴(HY 엽서M), 글자 크기(20pt), 가운데 정렬(≣)'을 각각 지정합니다.

※ 서식 지정이 끝나면 **Esc** 또는 빈 곳을 클릭하여 입력을 끝냅니다.

⑧ [파일] 탭에서 [다른 이름으로 저장하기]를 클릭합니다. [다른 이름으로 저장하기] 대화상자가 나오면 본인의 폴더에 '아바타-2(홍길동)'으로 저장합니다.

📂 불러올 파일 : 4장_혼자서.hwp   📖 완성된 파일 : 4장_혼자서(완성).hwp

① 오른쪽 아바타(여자)의 카디건에 그림을 채워 봅니다.

- 그림 위치 : [불러올 파일]-[4장]-패턴2

※ 모든 그림은 '문서에 포함'을 체크합니다.

② 그리기마당의 '말풍선22'를 넣은 후 자유롭게 내용을 입력하고 글꼴 및 글자 크기를 변경합니다.

- 글꼴(HY엽서M), 글자 크기(자유롭게) 가운데 정렬(≡)

- 신발의 색을 '빨강'으로 변경합니다.

※ 색상 테마는 '오피스'입니다.

주간 날씨 예보

📁 불러올 파일 : 5장.hwp 📄 완성된 파일 : 5장(완성).hwp 🐱 색상 테마 : 오피스

창의력 플러스

● 날씨 표시를 내 마음대로 표현해보면 어떨까요?

 예 구름은 부드러운 솜사탕 같아서, 하늘에 손을 뻗어 먹어보고 싶어요.

 표 만들기

① 한글 NEO(2016)을 실행한 후 [불러올 파일]-[5장]-'5장.hwp' 파일을 불러옵니다.

② [입력]-[표(⊞)]를 클릭합니다.

③ [표 만들기] 대화상자에서 줄 수(6), 칸 수(3)을 입력한 후 <만들기> 단추를 클릭합니다.

※ '마우스 끌기로 만들기'를 선택합니다.

④ 마우스를 드래그하여 표를 만듭니다. 이어서, 표의 위치를 왼쪽 편으로 드래그하여 위치 및 크기를 조절합니다.

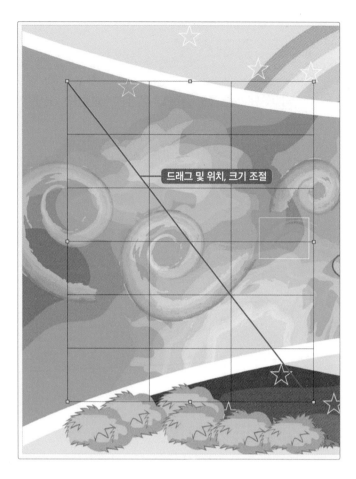

드래그 및 위치, 크기 조절

⑤ 표 테두리 위에서 마우스 모양이 로 바뀌면 클릭하여 표를 선택합니다. 이어서, [표((Q))]- 의 자세히( ) 단추를 클릭한 후 '보통'-'보통스타일1-노란색조'를 클릭합니다.

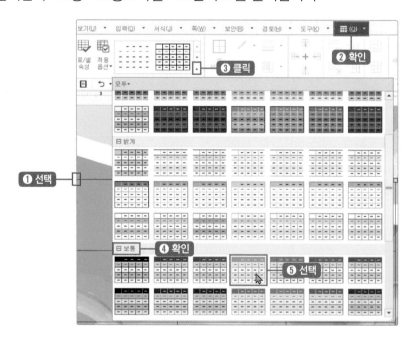

⑥ Esc 키를 눌러 표 선택을 해제하고 첫 번째 줄을 드래그하여 블록으로 지정합니다.

❼ 블록이 지정된 셀 위에서 마우스 오른쪽 단추 클릭한 후 '셀 합치기'를 클릭합니다.

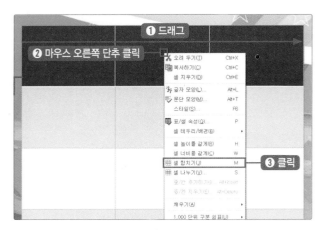
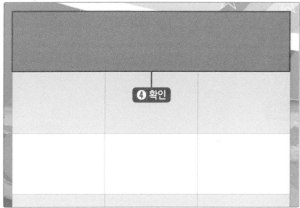

02 글자 입력 및 서식 변경

❶ 오른쪽 그림과 같이 글자를 입력합니다.

주간날씨		
토		30
일		27
월		26
화		26
수		28

② 표 안의 셀을 전체를 드래그하여 블록으로 지정한 후 [서식 도구
상자]에서 글꼴(HY수평선B), 글자크기(24pt), 가운데 정렬(≡)
을 한 후 Esc 키를 눌러 모든 선택을 해제 합니다.

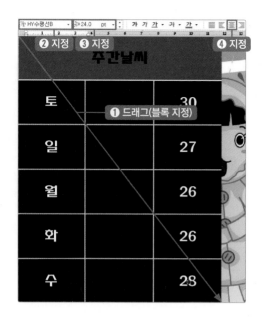

③ 두 번째 줄은 글자 색 (파랑), 세 번째 줄은 글자 색(빨강)으로 지정합니다.

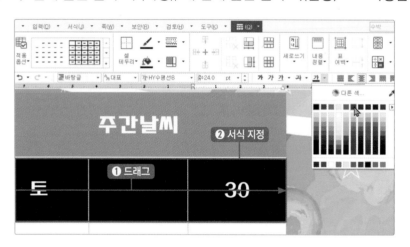

03 문자표 입력

① '토'와 '30'의 가운데 칸 위에서 마우스 오른쪽 단추
를 클릭한 후 [문자표]를 클릭합니다. 이어서, [문자
표 입력] 대화상자에서 [유니코드 문자표] 탭-문자
영역-'여러 가지 기호'-☀ 선택한 후 <넣기> 단추
를 클릭합니다.

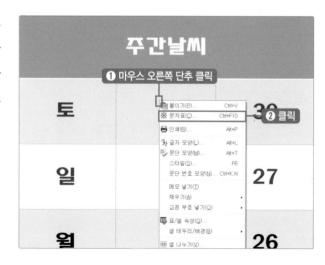

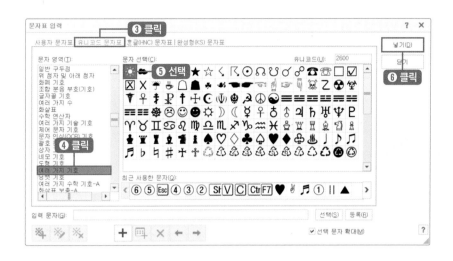

❷ [파일] 탭에서 [다른 이름으로 저장하기]를 클릭한 후 자신의 폴더에 '주간날씨(홍길동)'으로 저장합니다.

📂 불러올 파일 : 5장_혼자서.hwp 🖥 완성된 파일 : 5장_혼자서(완성).hwp

① ☂-☂-🐛-☀ 순서대로 가운데 칸(셀)에 문자표 입력해 보세요.

② 문자표가 입력되면 가운데 셀만 글자 크기(48pt)를 지정합니다.

주 간 날 씨		
토	☀	30
일	☂	27
월	☂	26
화	🐛	26
수	☀	28

CHAPTER 06

원형 표어

학습목표

- 편집용지를 설정합니다.
- 글맵시와 그리기마당을 이용하여 원형 표어를 만들어 봅니다.

📁 불러올 파일 : 없음　🖼 완성된 파일 : 6장(완성).hwp　🔍 색상 테마 : 없음

1 영어 단어도 하나씩 적어보면 어렵지 않아요. "너를 사랑해"라는 말과 같은 의미의 "LOVE YOU"
를 차근차근 적어보세요.

2 자동차와 버스를 타거나 또는 자동차, 버스, 오토바이가 우리 곁을 지날 때 어떻게 해야하나요?
조심하여야 하는 부분을 생각하고 적어보아요.

01 편집 용지 설정

❶ 한글 NEO(2016)을 실행한 후 F7 키를 누릅니다.

❷ [편집 용지] 대화상자가 나오면 [기본] 탭에서 용지 방향을 '가로(▤)'로 선택한 후 용지 여백을 아래 그림과 같이 입력합니다. 이어서, <설정> 단추를 클릭합니다.

※ 용지여백 : 위쪽(5), 머리말(5), 아래쪽(5), 꼬리말(5), 왼쪽(5), 오른쪽(5)

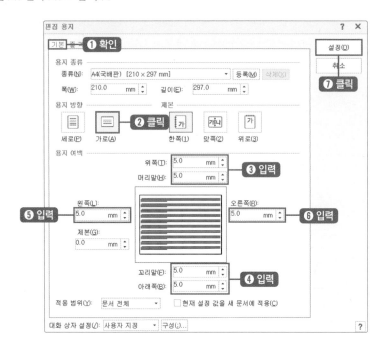

---

02 글맵시 만들기

❶ [입력]-[글맵시( )]에서 글맵시을 클릭한 후 ' 가나다 채우기-자주색 그러데이션, 회색 그림자, 직사각형 모양'을 선택합니다.

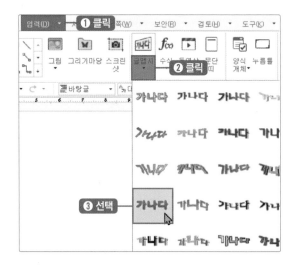

② [글맵시 만들기] 대화상자에서 내용(친구사랑 학교 사랑 작은관심 커다란힘)을 입력하고, 글 맵시 모양을 '한 줄 원형 1(◯)'을 선택한 후 <설정> 단추를 클릭합니다.

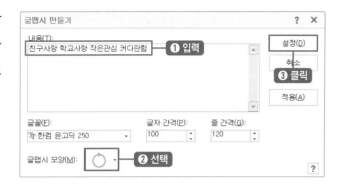

③ '친구사랑 학교사랑 작은관심 커다란힘' 글맵시를 더블 클릭하여 개체 속성 대화상자에서 [기본] 탭의 크기에서 너비 250mm , 높이 170mm을 입력합니다. 이어서, 위치에서 '글자처럼 취급'을 체크한 후 <설정> 단추를 클릭합니다. **Esc** 키를 눌러 선택을 해제한 후 가운데 정렬(☰)을 합니다.

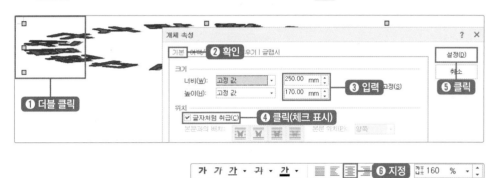

03 그리기마당 입력하기

① [입력] 탭에서 '그리기마당 '을 클릭합니다.

② [그리기마당] 대화상자가 나오면 '찾을 파일' 입력 칸에 '얼굴'을 입력하고 <찾기> 단추를 클릭합니다. 이어서, '웃는얼굴' 선택하고 <넣기> 단추를 클릭합니다.

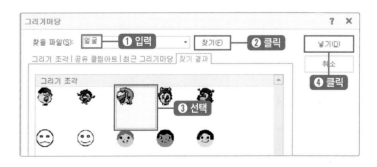

❸ 마우스 커서가 ✚ 모양으로 변경되면 드래그하여 입력하고 크기 및 위치를 조절한 후 **Esc** 키를 눌러 모든 선택을 해제합니다.

❹ [파일] 탭에서 [다른 이름으로 저장하기]를 클릭합니다. [다른 이름으로 저장하기] 대화상자가 나오면 본인의 폴더에 '원형 표어(홍길동)'으로 저장합니다.

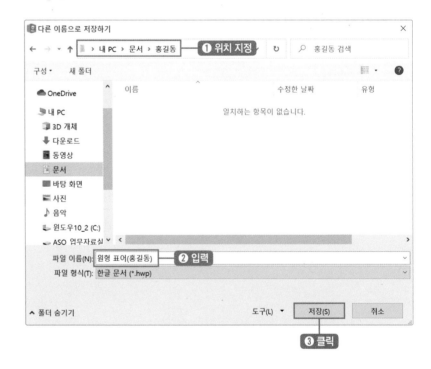

📁 불러올 파일 : 없음 📄 완성된 파일 : 6장_혼자서(완성).hwp

① 글맵시( )를 이용하여 아래 그림과 같은 원형 표어를 만들어 봅니다.

※ 가운데 그림은 [그리기 마당]-'램프'

※ 글맵시 모양에서 '두 줄 원형(◯)'을 선택하고 내용 입력은 아래와 같이 두 줄로 입력해 주세요.

글맵시 만들기	? ✕
내용(T): 자나 깨나 불 조심 꺼진 불도 다시 보자	설정(D) 취소 적용(A)
글꼴(F): HY견고딕	글자 간격(P): 100 줄 간격(G): 120
글맵시 모양(M): ◯	?

- 그리기마당의 선택할 꾸러미를 활용합니다.
- 글상자를 입력하고 복사합니다.

배운 내용 미리보기!

📂 불러올 파일 : 7장.hwp 🖥 완성된 파일 : 7장(완성).hwp 🎨 색상 테마 : 오피스

"이건 자신있게 할수있어요"

오오!
잘 아는군요~

전래동화

개와 고양이	청개구리

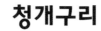

해님 달님

창의력 플러스

1 새는 '□'로 공룡은 '◇'로 기호로 표시해주세요.

(   )   (   )   (   )

(   )   (   )   (   )   (   )

(   )   (   ).   (   )   (   )

07 그리기마당

1 윈도우 탐색기를 실행한 후 [불러올 파일]
–[7장]–'7장.hwp' 파일을 더블 클릭하여
한글 파일을 불러옵니다.

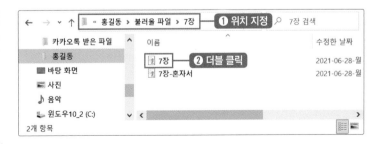

▲ 윈도우 탐색기에서 한글 파일을 바로 실행할 수 있어요.

❷ [입력] 탭에서 [그리기마당()]을 클릭합니다.

❸ [그리기마당] 대화상자에서 [그리기 조각]-
'전통(전래동화)'를 클릭한 후 '개와 고양이'를
선택하고 <넣기> 단추를 클릭합니다.

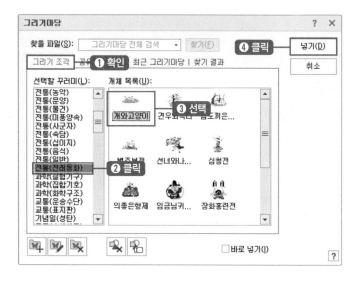

TIP

그리기 마당에서는 찾을 파일 검색이 아니여도 선택할 꾸러미에서 다양한 클립아트를 입력할 수 있습니다.

❹ 마우스 커서가 ⊞ 모양으로 변경되면 드래그하여
입력하고 크기 및 위치를 조절합니다. '청개구리',
'해님 달님'도 오른쪽 그림과 같이 입력합니다.

02 글상자 입력하기

① [입력] 탭에서 [가로 글상자( )]을 선택하여 '개와 고양이'
클립아트 위에서 드래그 합니다

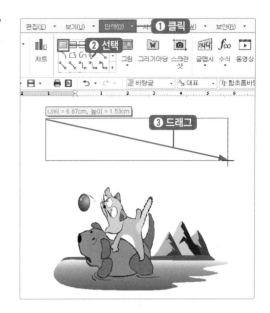

② 글상자 안쪽에 '개와 고양이'를 입력합니다. '개와 고양이' 내용을 블록으로 지정한 후 [서식 도구 상자]
에서 '글꼴(한컴 윤고딕 250), 글자 크기(30pt), 글자색(보라), 가운데 정렬'을 각각 지정합니다.

※ 글자크기를 변경후 글이 아래로 내려간 경우는 글상자 조절점을 이용하여 크게 만들
어주세요.

❶ '개와 고양이' 글상자를 선택한 후 Ctrl + Shift 키를 누른 채 '청개구리' 클립아트 위로 드래그하여 복사합니다.

> ※ 마우스 오른쪽 바로가기 메뉴 복사하기, 붙이기를 사용하여도 됩니다. Ctrl + Shift 키를 눌러 드래그하여 복사하면 같은 위치로 복사할 수 있습니다.

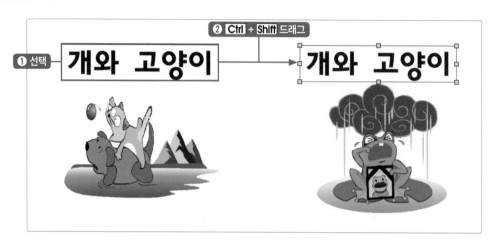

❷ 복사된 글상자 첫 글자(청) 앞을 클릭하여 Delete 키를 눌러 내용을 모두 삭제합니다. 이어서, '청개구리'를 입력한 후 적당한 크기와 위치로 조절합니다.

❸ 똑같은 방법으로 '해님 달님' 글상자도 입력합니다. 단, 글상자는 아래에 복사합니다.(Ctrl 키만 눌러 드래그하면 원하는 위치에 복사할 수 있습니다.)

📂 불러올 파일 : 7장_혼자서.hwp   🖻 완성된 파일 : 7장_혼자서(완성).hwp

① 7장_혼자서.hwp 파일을 열어 아래 그림과 같은 작품을 완성해보세요.

※ 선택할 꾸러미 – 자연(별자리)에 클립아트가 있어요.

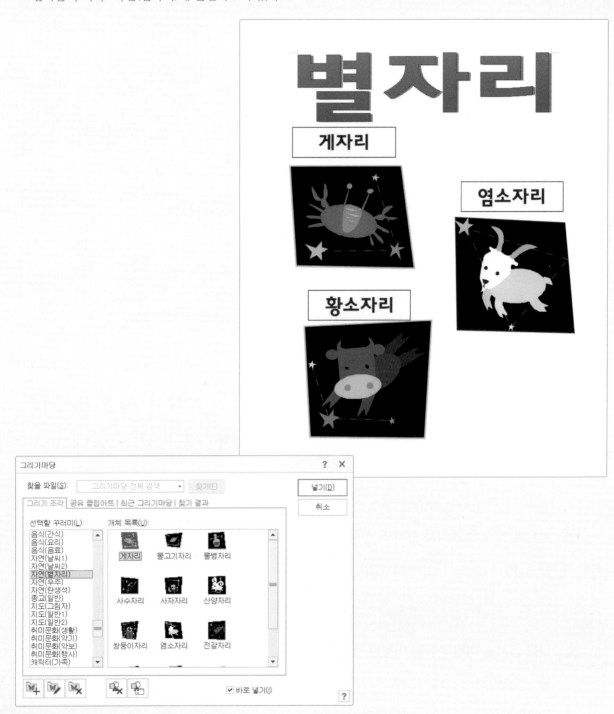

단원 종합 평가 문제

학습목표

··

● 1장~7장에서 배운 내용을 평가해 봅니다.

선생님 확인	부모님 확인

1 용지를 편집하기 위한 바로 가기 키는 무엇인가요?

❶ F7　　　　　❷ F8　　　　　❸ F9　　　　　❹ F10

2 문서에 그림을 입력하기 위해서는 어떤 아이콘을 클릭해야 하나요?

❶ 가나다　　　　　❷ 🖼️　　　　　❸ 가　　　　　❹ 🎨

3 다음 그림과 같이 키보드에 없는 특수한 문자를 입력하는 곳은 어디인가요?

❶ 글자 모양

❷ 표

❸ 문자표

❹ 문단 모양

> 울퉁 불퉁 멋진 몸매에
>
> 빨간 옷을 입고 ♬
>
> ♥ 새콤 달콤 향내 풍기는 ♥

4 문서 안의 모든 글자를 한 번에 선택하는 바로 가기 키는 무엇인가요?

❶ Ctrl + S　　　　❷ Ctrl + A　　　　❸ Ctrl + Z　　　　❹ Ctrl + V

5 다음 글자는 어떤 기능을 이용한 것인가요?

❶ 그림(🖼️)　　　❷ 그리기마당(🖼️)

❸ 표(▦)　　　❹ 글맵시(가나다)

멋쟁이토마토

6 다음과 같이 한글 NEO(2016)에서 제공하는 그림을 입력하기 위해서는 어떤 아이콘을 클릭해야 하나요?

❶

❷

❸

❹

7 다음 작품을 완성해 보세요.   📁 불러올 파일 : 없음 🖥 완성된 파일 : 8장(완성).hwp 🎨 색상 테마 : 없음

〈작업 순서〉

❶ 글맵시 [TIP] '수생생물'을 입력합니다.

❷ [그리기 마당]-[선택할 꾸러미]-'동물(수생생물)'

TIP

수생생물은 자유롭게 선택하여 나만의 수족관을 만들어주세요.

CHAPTER 09

세계지도 부루마블-1

학 습 목 표

● 편집용지를 설정한 후 표를 만들어 봅니다.

● 셀을 나누고 합친 후 셀에 배경을 넣어봅니다.

📁 불러올 파일 : 없음　💾 완성된 파일 : 9장(완성).hwp　🔍 색상 테마 : 없음

창의력 플러스

1 여행을 가고 싶은 나라가 있나요?

> 예) 스위스

2 여행은 누구와 함께 가고 싶나요?

> 예) 저는 친구와 함께 가고 싶어요. 친구와 가면 같이 재미있게 놀거 같아요.

---

01 편집 용지 설정 및 표 만들기

1 한글 NEO(2016)을 실행한 후 F7 키를 누릅니다.

2 [편집 용지] 대화상자가 나오면 [기본] 탭에서 용지 방향을 '가로'로 선택한 후 용지 여백을 오른쪽 그림과 같이 입력합니다. 이어서, <설정> 단추를 클릭합니다.

※ 용지여백 : 위쪽-아래쪽-왼쪽-오른쪽 : 5, 머리말-꼬리말 : 0

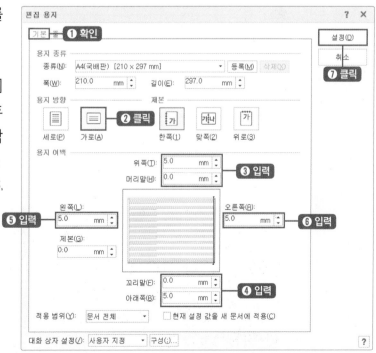

③ [입력] 탭에서 '표(⊞)'를 클릭합니다. [표 만들기] 대화
상자가 나오면 '줄 수 (5)'와 '칸 수(5)'를 입력한 후
<만들기> 단추를 클릭합니다.

※ '글자처럼 취급'을 선택(☑)합니다.

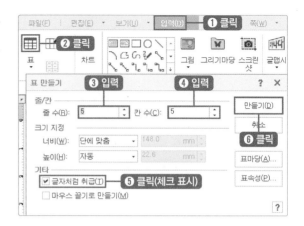

④ 표가 만들어지면 표의 테두리 위에서 마우스 모양이 🔍로 바뀌면 클릭하여 표를 선택합니다. 이어서,
아래쪽 가운데 조절점(□)을 아래로 드래그하여 표의 크기를 화면 전체 크기에 맞게 변경합니다.

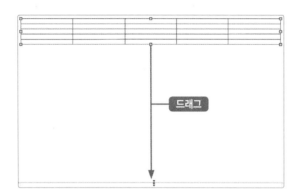

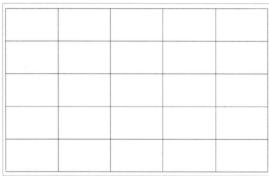

TIP 🐧 마우스 끌기로 만들기

표를 만들 때 '마우스 끌기로 만들기'를 선택하면 마우스 커서의 모양이 변경되고 원하는 위치를 드래그하여 표를 만들 수
있습니다. 마우스로 만든 표는 '글자처럼 취급'이 적용되지 않고 기본적으로 '자리 차지'로 배치됩니다.

⑤ 표의 셀 전체를 마우스로 드래그한 후 [서식 도구 상자]에서 글자 크기를 '16pt'을 지정합니다.

※ 첫 번째 셀을 클릭한 후 F5 키를 세 번 누르면 표 전체를 선택할 수 있습니다.

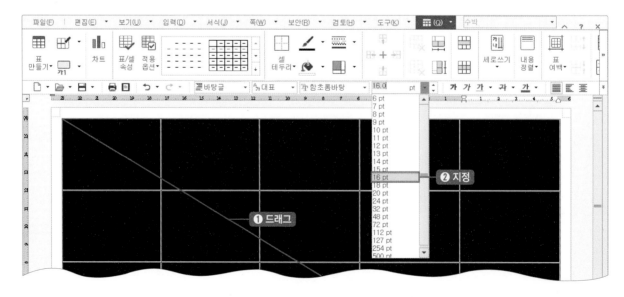

⑥ 표 위에서 마우스 오른쪽 단추를 눌러 [셀 나누기]를 클릭합니다. 이어서, [셀 나누기] 대화상자가 나오면 줄 수 입력칸에 '2'를 입력한 후 <나누기> 단추를 클릭합니다.

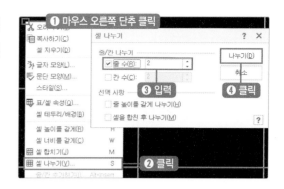

⑦ **Esc** 키를 눌러 모든 선택을 해제한 후 아래 그림처럼 가운데 부분의 셀만 드래그하여 블록을 지정합니다. 이어서, 블록으로 지정된 셀 안에서 마우스 오른쪽 단추를 눌러 [셀 합치기]를 클릭합니다.

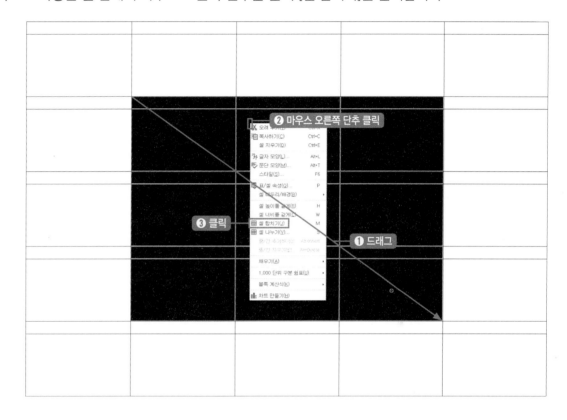

02 글자 입력 및 셀에 그림 넣기

① 표 맨 위쪽의 세로 폭이 좁은 셀 안에 '폴란드, 브라질, 벨기에, 미국, 이스라엘'을 순서대로 입력합니다.

폴란드	브라질	벨기에	미국	이스라엘
		입력		

❷ 표 맨 아래쪽의 세로 폭이 좁은 셀 안에 '세계여행 출발, 대한민국, 루마니아, 사우디아라비아, 그리스'를 순서대로 입력합니다.

세계여행 출발	대한민국	루마니아	사우디아라비아	그리스
		입력		

❸ 왼쪽의 세로 폭이 좁은 셀 안에 '아르헨티나, 아일랜드, 네덜란드'를 입력한 후 오른쪽에 '인도, 스페인, 이탈리아'를 입력합니다.

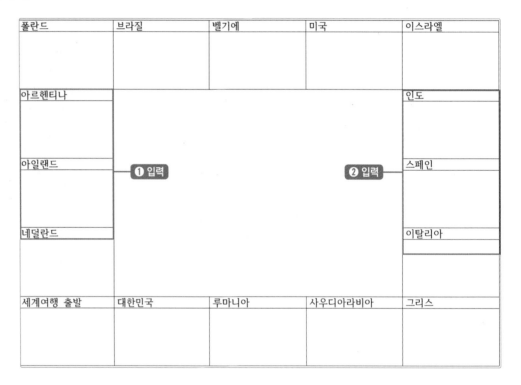

❹ 폴란드 아래쪽의 셀을 클릭합니다. 이어서, 마우스 오른쪽 단추를 눌러 [셀 테두리/배경]-[각 셀마다 적용]을 클릭합니다.

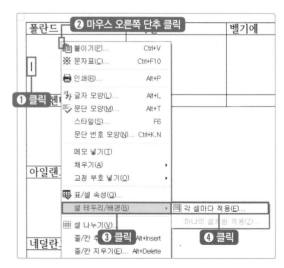

⑤ [셀 테두리/배경] 대화상자가 나오면 [배경] 탭의 채우기에서 '그림'을 선택합니다. 이어서, 그림 부분이 활성화되면 그림 선택(🖼)을 클릭합니다.

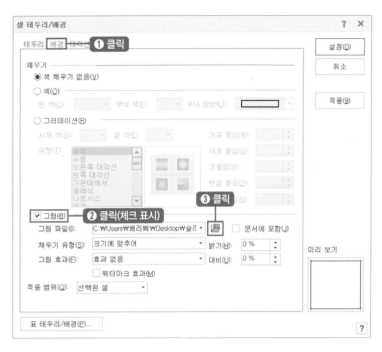

⑥ [그림 넣기] 대화상자가 나오면 [불러올 파일]-[9장]에서 '폴란드'를 선택하고, '문서에 포함'을 체크한 후 <넣기> 단추를 클릭합니다.

⑦ [셀 테두리/배경] 대화상자의 미리 보기에서 '폴란드' 이미지가 선택된 것을 확인한 후 <설정> 단추를 클릭합니다.

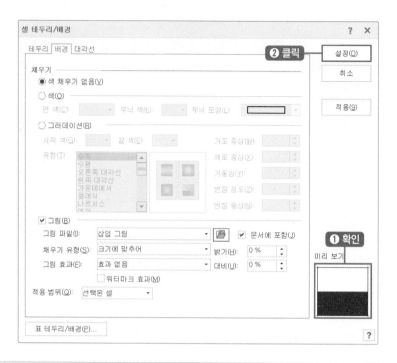

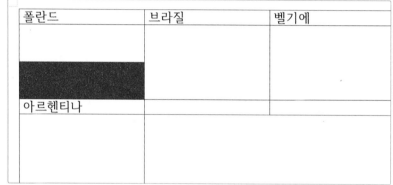

⑧ [파일] 탭을 클릭한 후 [다른 이름으로 저장하기]를 클릭합니다. [다른 이름으로 저장하기] 대화상자가 나오면 본인의 폴더에 '부루마블-1(홍길동)'으로 저장합니다.

1 셀 안에 그림 넣기 기능을 이용하여 다음과 같이 그림을 입력해 봅니다.

- 국가별 이름에 맞추어 셀 안에 그림을 입력

- 모든 이미지는 문서에 포함

2 셀 합치기로 합쳐진 가운데 셀 부분에 '배경' 그림을 입력해 봅니다.

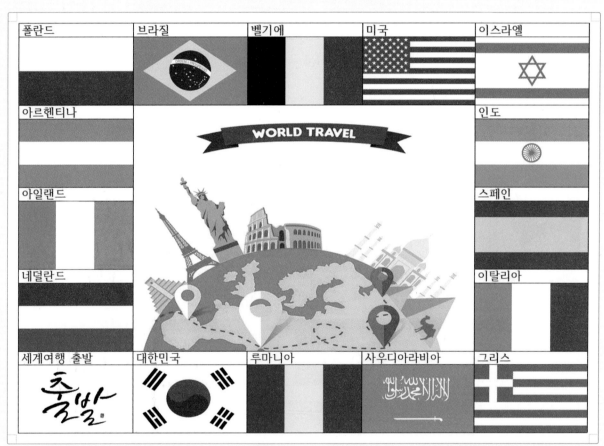

세계지도 부루마블-2

학습목표

● 표의 셀 속성(셀 테두리 굵기, 테두리, 셀 배경색 등)을 변경합니다.

📁 불러올 파일 : 10장.hwp 🖥 완성된 파일 : 10장(완성).hwp 🐱 색상 테마 : 기본

● 국기를 보고 그 나라와 연관된 것을 연결해 주세요.

01 표 속성 및 글자 서식 변경

① 한글 NEO(2016)을 실행한 후 [서식 도구 상자]에서 [불러오기(📁)]를 클릭합니다.

② [불러오기] 대화상자가 나오면 [불러올 파일]–[10장]–'10장.hwp' 파일을 불러옵니다.

❸ 폴란드 셀을 기준으로 표 전체를 드래그하여 블록을 지정합니다. 이어서, [표] 탭에서 [셀 테두리 모양/굵기(▨ ▾)]를 클릭한 후 '셀 테두리 굵기(☰)'에서 '0.5mm'로 선택합니다.

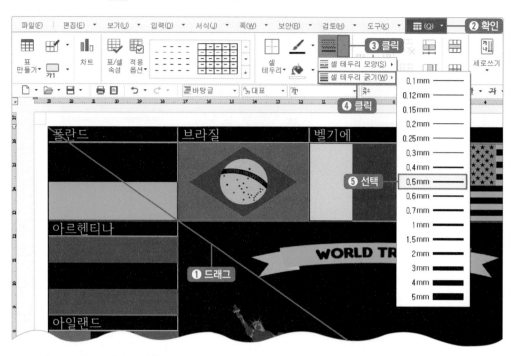

※ 폴란드 셀을 클릭한 후 F5 키를 세 번 누르면 표 전체를 선택할 수 있습니다.

❹ [표] 탭에서 셀 테두리(▦)의 테두리 목록 단추(셀 테두리▾)를 클릭하여 '바깥쪽 모두(▥)'를 선택합니다.

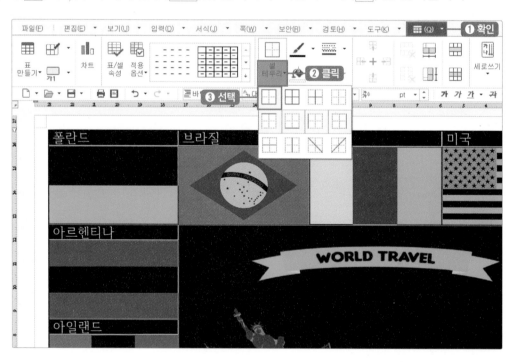

❺ Esc 키를 눌러 전체 선택을 해제합니다. 이어서, 셀 합치기로 합쳐진 가운데 셀을 클릭한 후 F5 키를 눌러 블록을 지정합니다.

⑥ 셀 테두리 굵기(☰)를 '0.5mm'로 지정하고 '바깥쪽 모두(⊞)'에 적용 시킨 후 **Esc** 키를 눌러 변경된 부분을 확인합니다.

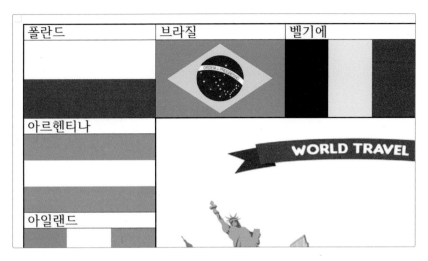

※ 해당 작업은 ❸번과 ❹번 방법을 참고하여 똑같이 작업합니다.

⑦ '폴란드'부터 '이스라엘'까지 드래그 한 후 **Ctrl** 키를 누른 채 '세계여행 출발'부터 '그리스'까지 드래그 합니다. 이어서, **Ctrl** 키를 누른 채 '아르헨티나, 아일랜드, 네덜란드, 인도, 스페인, 이탈리아' 셀을 차례 대로 클릭합니다.

※ 다중 셀 선택 중 셀을 잘 못 선택하였을 경우 해당 셀을 다시 선택하면 해제됩니다.

⑧ 글자가 있는 셀들이 모두 선택되면 [표] 탭에서 셀 배경색()의 목록 단추(▾)를 클릭하여 '검정'을 선택합니다.

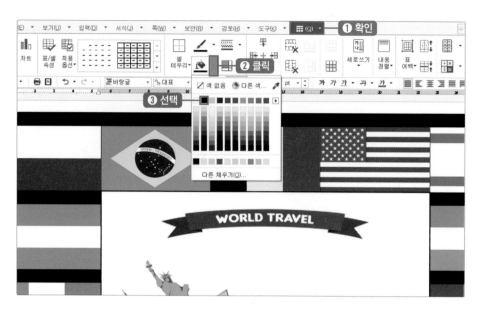

⑨ 각 나라 이름들이 블록이 지정된 상태에서 [서식 도구 상자]의 글꼴(맑은 고딕), 글자 크기(10pt), 진하게 (**가**), 글자색(하양), 가운데 정렬(≣)을 각각 지정합니다.

⑩ 모든 작업이 끝나면 **Esc** 키를 눌러 선택을 해제한 후 변경된 내용을 확인합니다.

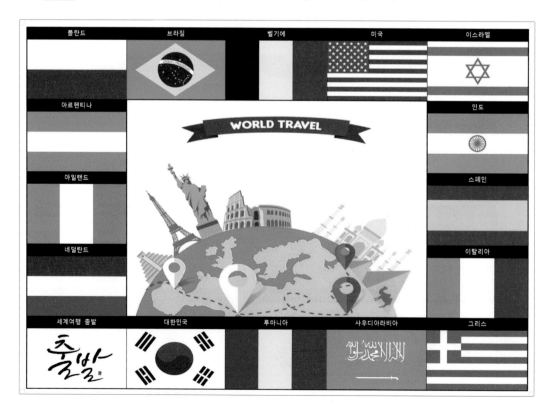

CHAPTER 10 혼자서 뚝딱 뚝딱!

📂 불러올 파일 : 10장_혼자서.hwp   💾 완성된 파일 : 10장_혼자서(완성).hwp

① 아래 표와 같이 표를 입력하고 셀 나누기와 셀 합치기를 해보세요.

※ 아래 그림을 참고하여 글꼴과 크기, 배경색 등은 자유롭게 지정하세요!

시 간 표

시간	월요일	화요일	수요일	목요일	금요일	토요일
1교시	국어	체육	과학	국어	영어	WORLD TRAVEL
2교시		음악		사회	수학	가족 여행
3교시	영어	미술	음악	놀이		
4교시	수학	사회	국어			

놀 러 다 니 기 !

CHAPTER 11

캐릭터 메모지

- 글맵시 속성을 변경해 봅니다.
- 그리기마당의 도형을 활용하여 메모지를 만들어 봅니다.

📁 불러올 파일 : 11장.hwp　📑 완성된 파일 : 11장(완성).hwp　🧭 색상 테마 : 오피스

1️⃣ 오늘 내가 할 일의 순서를 정해 볼까요?

예) 학교 끝나고 피아노 학원을 가요 그리고
집 가서 수학문제 풀어요.

2️⃣ 내일 할 일을 메모지 위에 글로 남겨 볼까요?

---

01 도형 만들기

① 한글 NEO(2016)을 실행한 후 [불러올 파일]-[11장]-'11장.hwp' 파일을 불러옵니다.

② [입력] 탭의 그리기마당(🔳)을 클릭한 후 [그리기마당] 대화상자에서 [그리기 조각]-[기본도형]-'팔각형(⬡)'을 선택한 후 <넣기> 단추를 클릭합니다.

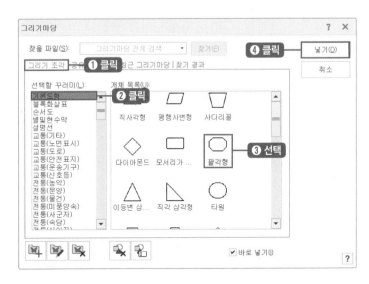

③ 마우스 커서가 ➕ 모양으로 변경되면 드래그하여 도형을 입력합니다.

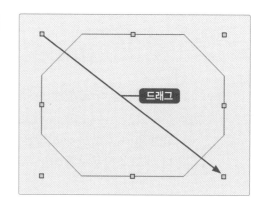

④ 도형을 더블 클릭한 후 [개체속성] 대화상자에서 [기본] 탭-[크기]-'너비(130mm), 높이(140mm)'을 입력합니다. 이어서, [선] 탭-'색(초록), 굵기(1.00mm)'을 지정하고, [채우기] 탭-'면색(초록 80% 밝게)'를 설정한 후 <설정> 단추를 클릭합니다.

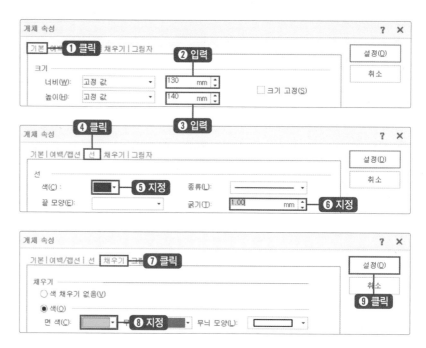

⑤ 입력한 도형을 Ctrl + Shift 키를 누른채 오른쪽으로 드래그하여 복사한 후 같은 같은 방법으로 '선-색(주황)'-'채우기-면색 (주황 80% 밝게)'로 수정합니다.

※ 도형을 선택하여 Ctrl + Shift 키를 누른채 오른쪽으로 드래그하여 이동하면 수직 위치가 같게 복사할 수 있어요.

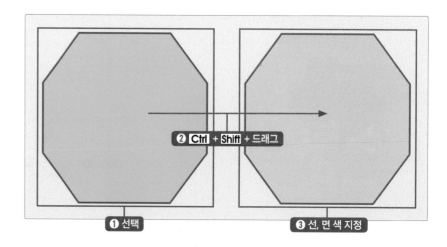

02 안쪽 도형 만들기

① 왼쪽 도형을 선택한 후 Ctrl + C 키를 동시에 눌러 도형을 복사한 후 Ctrl + V 키를 눌러 도형을 붙여넣기 합니다.

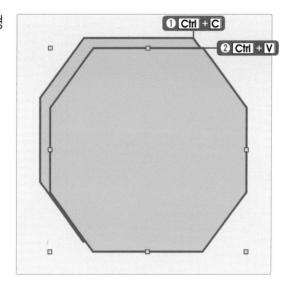

② 복사된 도형을 더블 클릭한 후 [개체속성] 대화상자의 [기본] 탭-'크기(너비120mm), 높이(130mm)' 입력합니다. 이어서, [선] 탭-'선 종류(파선 ― ― ― ―)', [채우기] 탭-'면색(하양)'을 지정한 후 <설정>단추를 클릭합니다.

❸ 안쪽 도형을 **Ctrl** + **Shift** 키를 누른채 오른쪽으로 드래그하여 복사한 후 같은 같은 방법으로 선 색을 '주황'으로 변경합니다.

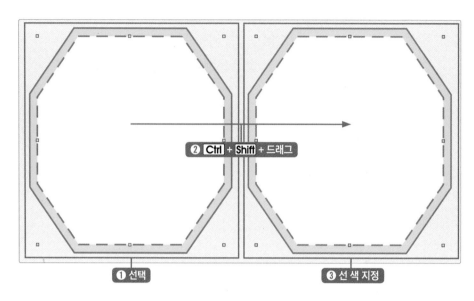

03 그림 넣기

❶ [입력] 탭에서 그림()을 클릭한 후 [그림 넣기] 대화상자에서 [불러올 파일]-[11장]-'메모그림1'을 선택한 후 '문서에 포함'과 '마우스로 크기 지정'을 선택하고 <넣기> 단추를 클릭합니다.

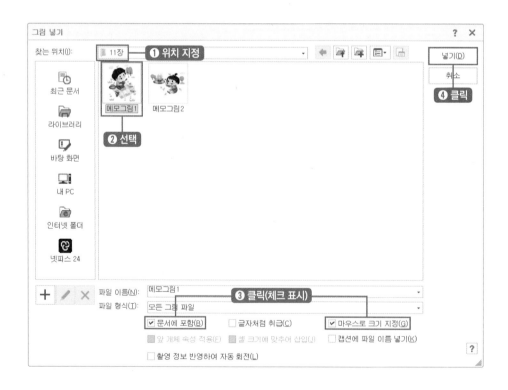

❷ 왼쪽 아래에 드래그하여 입력한 후 배치를 글앞으로(▣) 지정합니다.

※ 그림을 더블 클릭하거나 그림 탭을 선택하면 배치가 나옵니다.

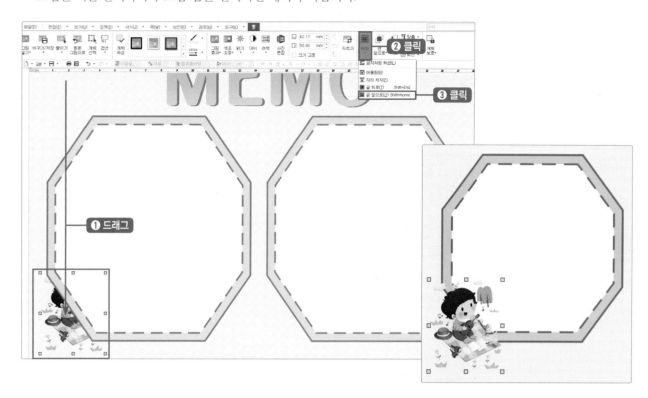

CHAPTER
11 혼자서 뚝딱 뚝딱!

📂 불러올 파일 : 11장_혼자서.hwp   📄 완성된 파일 : 11장_혼자서(완성).hwp

1 글맵시의 속성을 변경하고 오른쪽 도형 위에 그림을 입력해 보세요.

- [불러올 파일]-[11장]-'메모
  그림2'
- 글맵시 속성(채우기)
  - 시작 색 : 남색
  - 끝 색 : 남색 80% 밝게
- 글맵시 속성(글맵시)
  - 그림자 색 : 남색

오늘 간식으로 뭐 먹지?

학습목표

● 표에 있는 내용을 차트로 만들어 봅니다.

📁 불러올 파일 : 12장.hwp 　📄 완성된 파일 : 12장(완성).hwp 　🔑 색상 테마 : 없음

배운 내용 미리보기!

오늘 간식으로 뭐 먹지?

간식	순위(명)
피자	11
케이크	6
만두	2
햄버거	8
떡볶이	5

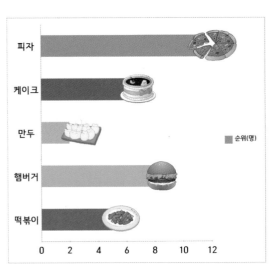

● 내가 좋아하는 간식에 별점을 주세요.
제일 좋아하는 간식 옆에 별 다섯 개 "★★★★★"
좋아하지 않는 간식에는 별 한 개 "★" 이렇게 표시해 보세요.

01 불러오기

① 한글 NEO(2016)을 실행한 후 [서식 도구 상자]에서 [불러오기(📁)]를 클릭합니다.

② [불러오기] 대화상자가 나오면 [불러올 파일]-[12장]-'12장.hwp' 파일을 불러옵니다.

02 차트 입력하기

① 표의 셀 전체를 마우스로 드래그하여 블록을 지정한 후 셀 위에서
마우스 오른쪽 단추를 눌러 [차트 만들기]를 클릭합니다.

TIP 차트 만들기

만약 차트가 2쪽 또는 표 뒤에 만들어지면 차트를 그림과 같이 1쪽 오른쪽으로
이동시킵니다.

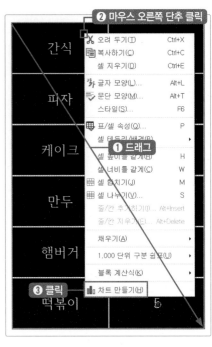

② 차트를 그림과 같이 이동시킨 후 조절점(■)을 드래그하여 크기를 조절합니다.

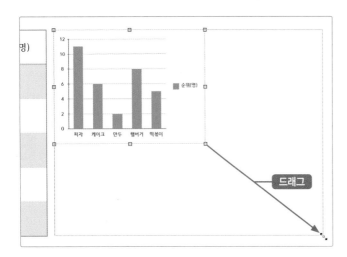

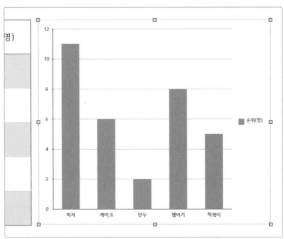

③ 이어서 [가로막대형]-[기본형]-'묶은 가로 막대형'을 선택합니다.

1 세로 항목 축의 '아무 글자'나 더블 클릭합니다.

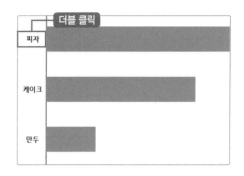

2 [축 이름표 모양] 대화상자가 나오면 [글자] 탭을 클릭하여 글꼴 설정에서 크기를 '13pt'로 지정한 후 <설정> 단추를 클릭합니다.

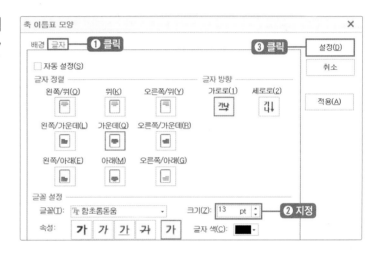

3 가로 값 축의 '아무 숫자'나 더블 클릭합니다.

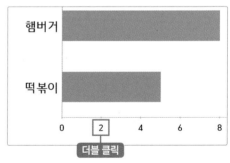

4 [축 이름표 모양] 대화상자가 나오면 [글자] 탭을 클릭하여 글꼴 설정에서 크기를 '13pt'로 지정한 후 <설정> 단추를 클릭합니다.

❺ 변경된 축 이름표 모양을 확인합니다.

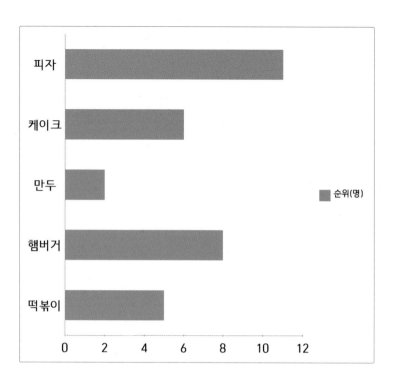

❻ 차트가 선택된 상태에서 [차트(📊)] 탭의 ▮▮▮▮▮ ▮▮▮▮▮ 에서 자세히 단추(↓)를 클릭한 후 '파스텔색, 기본 모양'을 선택합니다. 이어서, **Esc** 키를 눌러 모든 선택을 해제합니다.

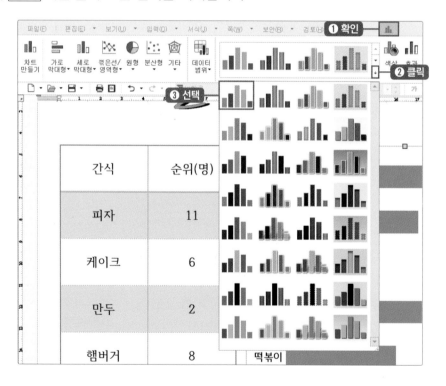

❼ [파일] 탭에서 [다른 이름으로 저장하기]를 클릭합니다. [다른 이름으로 저장하기] 대화상자가 나오면 본인의 폴더에 '오늘 간식(홍길동)'으로 저장합니다.

📂 불러올 파일 : 12장_혼자서.hwp 💾 완성된 파일 : 12장_혼자서(완성).hwp

① 그리기마당 입력하기

- [입력] 탭의 [개체] 그룹에서 '그리기마당(🗹)'을 클릭합니다.
- [그리기마당] 대화상자가 나오면 '찾을 파일' 입력 칸에 '피자'를 입력한 후 <찾기> 단추를 클릭합니다.
- 찾기가 끝나면 [찾기 결과]의 첫 번째 '피자'를 선택한 후 다음 그림과 같이 클립아트를 입력합니다. 이어서, 똑같은 방법으로 나머지 클립아트('케이크, 만두, 햄버거, 떡볶이')를 입력합니다.
- [파일] 탭에서 [다른 이름으로 저장하기]를 클릭합니다. [다른 이름으로 저장하기] 대화상자가 나오면 본인의 폴더에 '간식차트(홍길동)'으로 저장합니다.

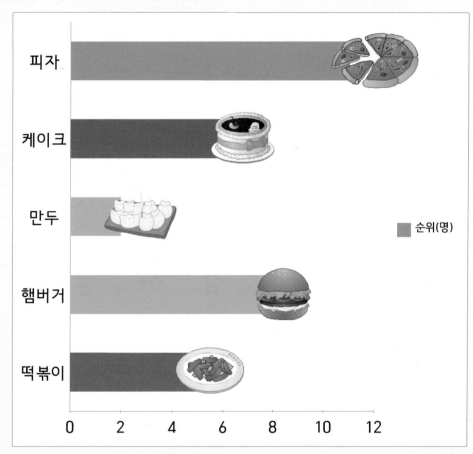

CHAPTER 13

부모님께 드리는 감사장 - I

● 글자 서식을 변경하여 감사장을 만들어 봅니다.

📂 불러올 파일 : 13장.hwp   🗒 완성된 파일 : 13장(완성).hwp   🔖 색상 테마 : 없음

배운내용 미리보기!

부모님께 감사장을 만들어 드리면 어떨까요?

좋은선물♥

더 많이 좋아하시겠지? 나보고 최고라고 하실거 같아~

감 사 장

부 모 님

위 부모님은 저를 낳아 보살펴 주시고 항상 변함없는 사랑으로 길러주셨습니다. 그 은혜를 감사 하게 생각하며 자랑스러운 우리 부모님께 이 감사장을 드립니다.

2022년 5월 8일

아소초등학교
홍 길 동 드림

창의력 플러스

● 이런 상이 있으면 좋겠어요. 누구에게 어떤 상을 주고 싶은가요?

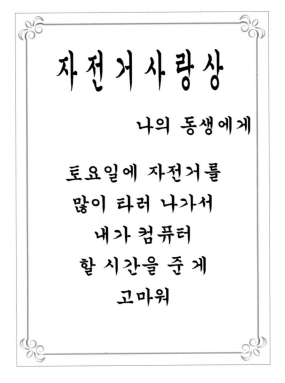

자전거사랑상

나의 동생에게

토요일에 자전거를
많이 타러 나가서
내가 컴퓨터
할 시간을 준 게
고마워

01 불러오기 및 글자 입력

① 한글 NEO(2016)을 실행한 후 [서식
도구 상자]에서 [불러오기()]를 클릭
하여 [불러올 파일]-[13장]-'13장.hwp'
를 불러옵니다.

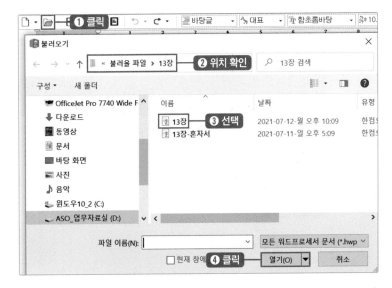

② '○○○'을 드래그하여 블록으로 지정한 후 각각 '부모님'을 입력합니다. 단, 첫 번째 '○ ○ ○'은 글자 사이를 띄어 쓰기 하여 입력합니다.

※ Space Bar 키가 글자 띄어쓰기 키입니다.

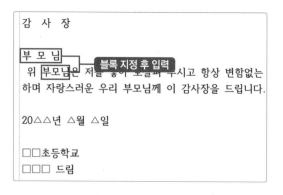

③ '△'을 드래그하여 블록으로 지정한 후 원하는 날짜를 입력합니다.

④ '□□□'을 드래그하여 블록으로 지정한 후 '본인 학교', '본인 이름'을 입력합니다. 단, 자신의 이름 입력시에는 글자 사이를 띄어쓰기 합니다.

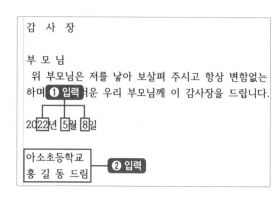

02 글자 서식 변경

① 글상자의 내용 전체를 드래그하여 블록으로 지정한 후 [서식 도구 상자]에서 글꼴(궁서), 줄 간격(180%)으로 지정합니다.

※ 전체 선택 바로 가기 키(Ctrl + A)를 눌러도 되요!

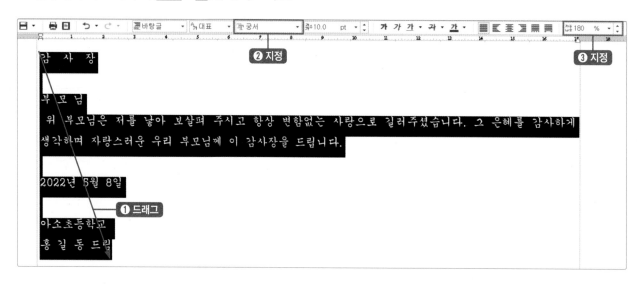

❷ **Esc** 키로 전체 블록을 해제한 후 '감 사 장'을 드래그하여 블록으로 지정합니다. 이어서, [서식 도구 상자]에서 글자크기(72pt), 진하게(**가**), 가운데 정렬(▤)을 지정합니다.

※ 마우스로 문서의 여백을 클릭해도 해제가 되요.

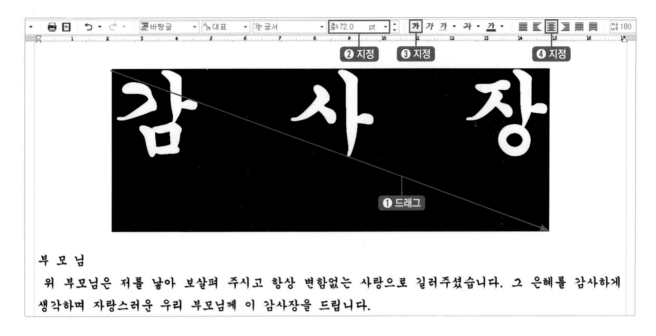

❸ 첫 번째 '부 모 님'을 드래그하여 블록으로 지정한 후 [서식 도구 상자]에서 글자크기(28pt), 오른쪽 정렬 (▤), 줄 간격(200%)을 지정합니다.

※ 글자 크기는 입력 칸에 직접 입력한 후 **Enter** 키를 누릅니다.

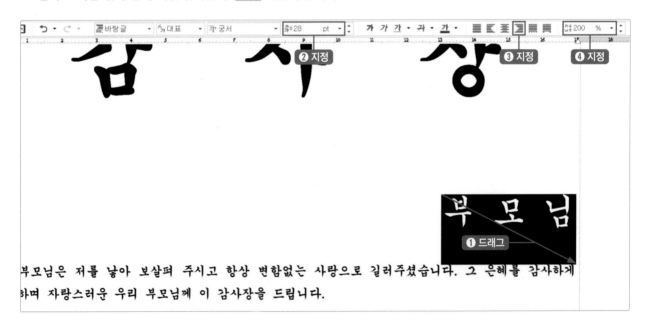

④ 내용(위 부모님은~드립니다)을 드래그하여 블록으로 지정한 후 [서식 도구 상자]에서 글자크기(32pt)를 지정합니다.

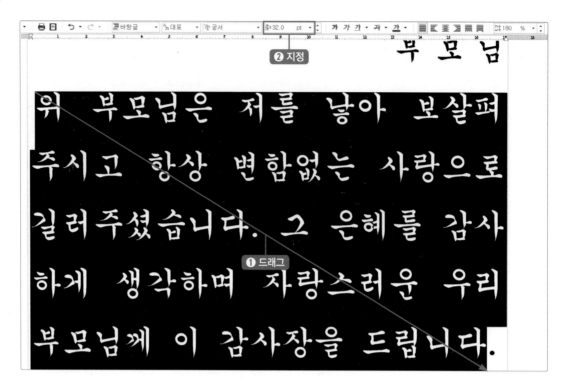

⑤ '2022년 5월 8일 ~ 홍 길 동 드림'까지 드래그하여 블록으로 지정한 후 [서식 도구 상자]에서 글자크기 (28pt), 가운데 정렬(≡)을 지정합니다.

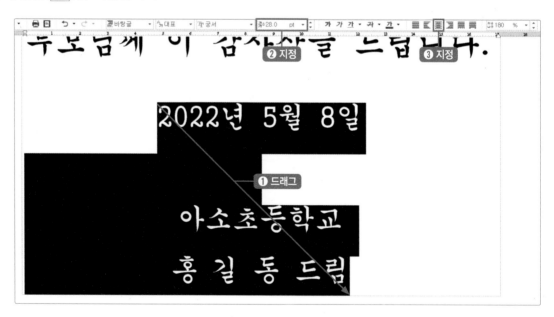

① '13장_혼자서.hwp' 파일을 불러온 후 오른쪽 그림과 같이 작품을 완성해보세요.

❶ '일시'는 오늘 날짜를 입력합니다.

❷ 글꼴, 글자크기 등은 자유롭게 지정합니다.

우 수 상

홍 길 동

위 어린이는 컴퓨터 방과후
교실 수업에 성실하고 열심히
공부하여 우수상을 드립니다.

일시 :   20??년 ??월 ??일

아 소 초 등 학 교
컴퓨터 방과후 교실

CHAPTER 14

부모님께 드리는 감사장-2

● 배경에 그림 넣고, 글상자를 이용하여 감사장을 완성해 봅니다.

배운 내용 미리보기!

📁 불러올 파일 : 14장.hwp 📄 완성된 파일 : 14장(완성).hwp 🐱 색상 테마 : 오피스

그림으로 꾸미기 된 감사장 맞지요?

이제 그림넣기는 쉽다쉬워~

꿈트리 책 덕분이죠!

맞아요! 그림으로 감사장을 꾸며봤어요. 그림 쏙~ 넣기!

감 사 장

부 모 님

위 부모님은 저를 낳아 보살펴 주시고 항상 변함없는 사랑으로 길러주셨습니다. 그 은혜를 감사하게 생각하며 자랑스러운 우리 부모님께 이 감사장을 드립니다.

2022년 5월 8일

행복초등학교
김 아 소 드림

● 가장 친한 친구에게 우정상을 만들어 보여주세요.

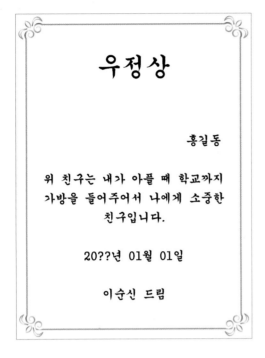

01 배경 넣기

① 한글 NEO(2016)을 실행한 후 [불러올 파일]-[14장]-'14장.hwp' 파일을
불러옵니다. 이어서, [쪽] 탭에서 [쪽 테두리/배경(▣)]을 클릭합니다.

② [쪽 테두리/배경] 대화상자의 [배경] 탭에서
채우기 –그림-그림선택(▣)을 클릭합니다.

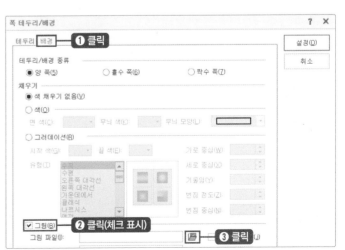

❸ [그림 넣기] 대화상자-[14장]-'감사장배경' 파일을 선택하고 '문서에 포함'을 체크한 후 <넣기> 단추를 클릭합니다. 이어서, [쪽 테두리/배경] 대화상자에서 <설정> 단추를 클릭합니다.

※ 모든 그림 입력은 '문서에 포함'을 체크합니다.

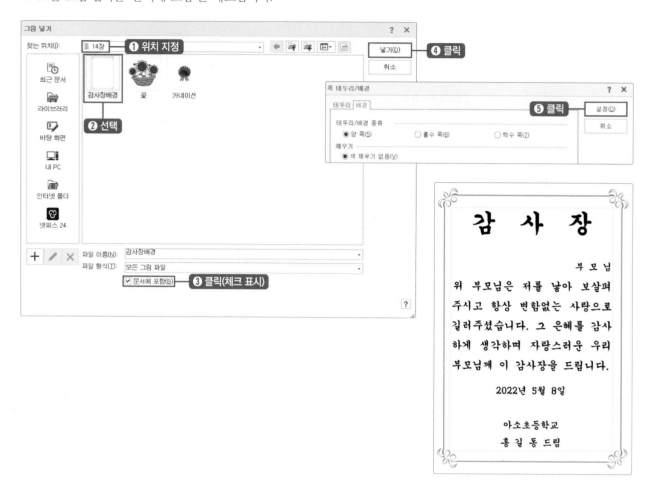

02 글상자에 그림 채우기

❶ 감사장 글상자 위에서 마우스 오른쪽 단추를 클릭한 후 [개체 속성]을 클릭합니다.

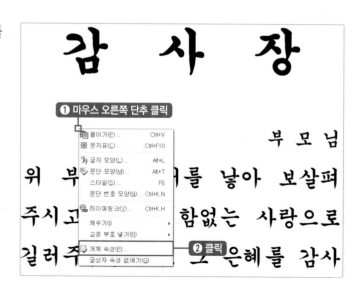

❷ [개체 속성] 대화상자의 [채우기] 탭에서 [채우기]
-그림-그림선택(📁)을 클릭합니다.

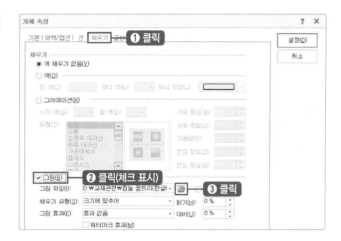

❸ [그림 넣기] 대화상자-[14장]-'카
네이션' 파일을 선택하고 '문서에
포함'을 체크한 후 <넣기> 단추를
클릭합니다.

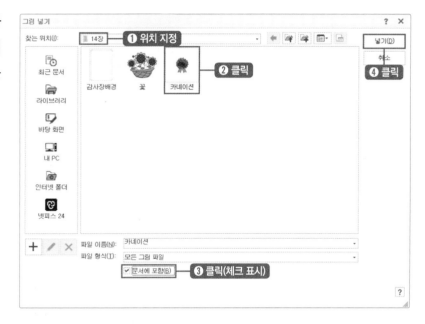

❹ [개체 속성] 대화상자의 [채우기] 탭에서 채우기 유형(가운데로), 투명도 설정(투명도: 65%)을 한 후
<설정> 단추를 클릭합니다.

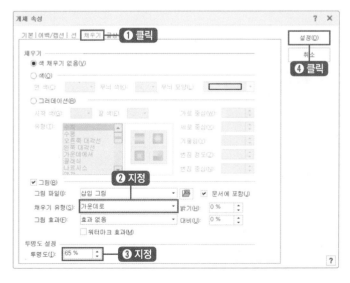

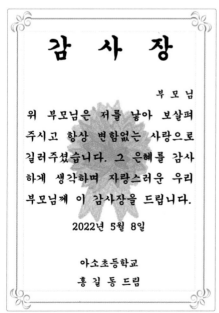

❶ [입력] 탭에서 가로 글상자(▤)를 클릭한 후 마우스로 적당한 크기로 드래그 합니다.

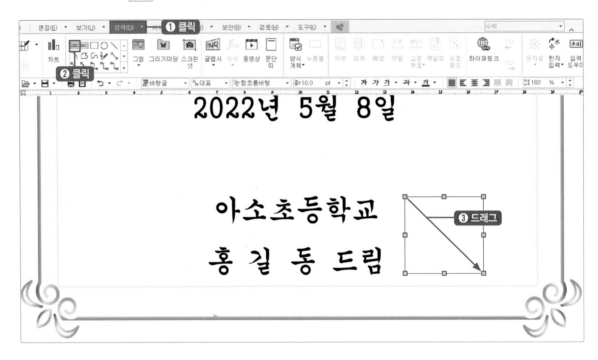

❷ 크기와 위치를 조절한 후 글상자에 '사랑해요'를 아래와 같이 두 줄로 입력합니다.

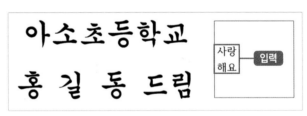

❸ 글상자의 테두리 위에서 마우스 모양이 🔲로 바뀌면 클릭하여 글상자를 선택합니다. 이어서, [서식 도구 상자]에서 글꼴(양재블럭체), 글자크기(32pt), 진하게, 글자 색(빨강), 가운데 정렬(▤), 줄 간격(100%) 지정합니다.

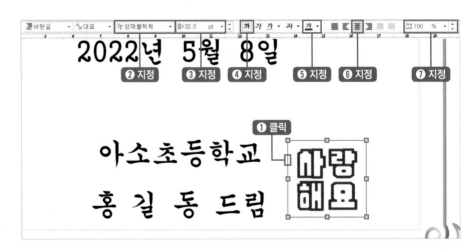

❹ 글상자의 테두리 위에서 마우스 모양이 로 바뀌면 글상자를 더블 클릭합니다. 이어서, [개체 속성] 대화상자의 [선]탭에서 선 색(빨강), 선 굵기(1.0mm) 지정하고 <설정> 단추를 클릭합니다.

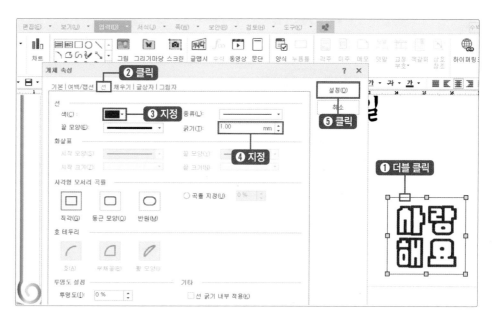

📂 불러올 파일 : 14장_혼자서.hwp   📘 완성된 파일 : 14장_혼자서(완성).hwp

① '14장_혼자서.hwp' 파일을 불러온 후 오른쪽 그림과 같이 작품을 완성해보세요.

❶ '○○○'을 드래그하여 블록으로 지정한 후 '홍길동(친구이름)'을 입력합니다.

❷ '△'을 드래그하여 블록으로 지정한 후 원하는 날짜를 입력합니다.

❸ '□□□'을 드래그하여 블록으로 지정한 후 '홍길동(내 이름)'를 입력합니다.

❹ 쪽 테두리/배경에서 그림 '감사장배경'을 선택하여 넣기 합니다.

※ 모든 그림 입력은 '문서에 포함'을 체크합니다.

❺ 초대장 글상자 위에서 마우스 오른쪽 단추 클릭하여 [개체속성] 클릭-[채우기] 탭-그림 '꽃', 투명도(80%)를 설정합니다.

맛있는 우표 만들기

- 도형을 이용하여 제목을 꾸며 봅니다.
- 도형과 그림을 넣어 우표를 완성합니다.

📁 불러올 파일 : 15장.hwp 🖥 완성된 파일 : 15장(완성).hwp 🔍 색상 테마 : 기본

● 우표는 편지를 보낼 때 사용합니다.

우표를 붙이면 원하는 어느 곳이든 갈 수 있다면 어떤 곳으로 편지를 보내고 싶나요?

우주? 바다? 무인도? 편지가 도착할 장소를 생각해볼까요?

왜 가고 싶은지도 알려주세요.

---

01 도형 입력 후 복사하기

① 한글 NEO(2016)을 실행한 후 [불러올 파일]-[15장]-'15장.hwp' 파일을 불러옵니다.

② [입력] 탭에서 가로 타원(○)을 클릭한 후 마우스를 드래그 하여 글상자 왼편에 적당한 크기로 배치합니다.

※ Shift 키를 누른 채 드래그하면 반듯한 원을 그릴수 있어요!

③ 타원의 테두리 위에서 마우스 모양이 로 바뀌면 타원을 더블 클릭합니다. 이어서, [개체 속성] 대화상자 의 [기본] 탭에서 너비(11mm), 높이(11mm), [채우기] 탭에서 면 색(바다색 40% 밝게), [그림자]탭에서 그림자 종류(오른쪽 아래 ■), 그림자 색(바다색 60% 밝게) 를 지정한 후 <설정> 단추를 클릭합니다.

④ 적당한 위치로 이동한 후 **Ctrl** + **Shift** 키를 누른 채 오른쪽으로 드래그하여 복사합니다.

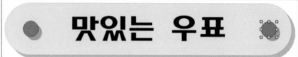

02 도형 만들기

① [입력] 탭에서 직사각형(□)을 선택한 후 오른쪽 그림과 같이 적당한 크기와 위치로 드래그 합니다.

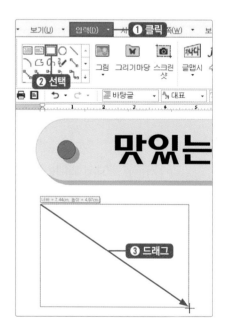

② 직사각형을 더블 클릭한 후 [개체 속성] 대화
상자의 [기본] 탭에서 너비(80mm), 높이(65
mm)를 지정합니다.

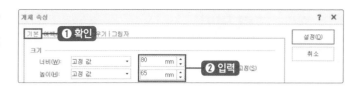

③ [선] 탭에서 색(검은 바다색), 종류(원형 점선
•••••••••••••••), 굵기(2mm)를 지정합니다.

④ [채우기] 탭에서 면 색(하양), [그림자]탭-그림
자 종류 (오른쪽 아래■)를 지정한 후 <설정>
단추를 클릭합니다.

※ 색상 테마는 '기본'입니다.

⑤ 적당한 위치로 이동한 후 **Ctrl** + **Shift** 키를
누른 채 오른쪽으로 드래그하여 복사합니다.

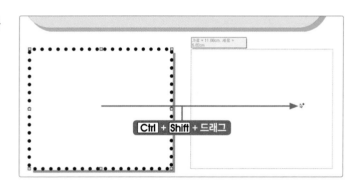

⑥ 위 쪽 두 개의 도형을 **Shift** 키를 누른 채 클릭하여 두 개의
도형을 선택한 후 **Ctrl** + **Shift** 키를 누른 채 아래 쪽으로
드래그하여 복사합니다.

⑦ 똑같은 방법으로 아래 쪽으로 도형을 복사합니다.

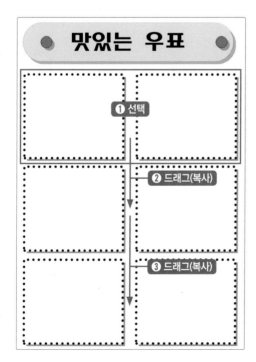

① 첫 번째 도형을 더블 클릭한 후 [개체 속성] 대화 상자의 [채우기] 탭에서 그림-그림선택(🖼)을 클릭합니다.

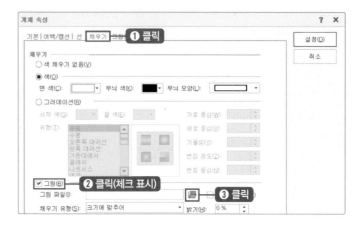

② [15장]-'음식1'을 선택한 후 <넣기> 단추를 클릭합니다. 이어서, [개체 속성] 대화상자에서 <설정> 단추를 클릭합니다.

※ 모든 그림 입력은 '문서에 포함'을 체크합니다.

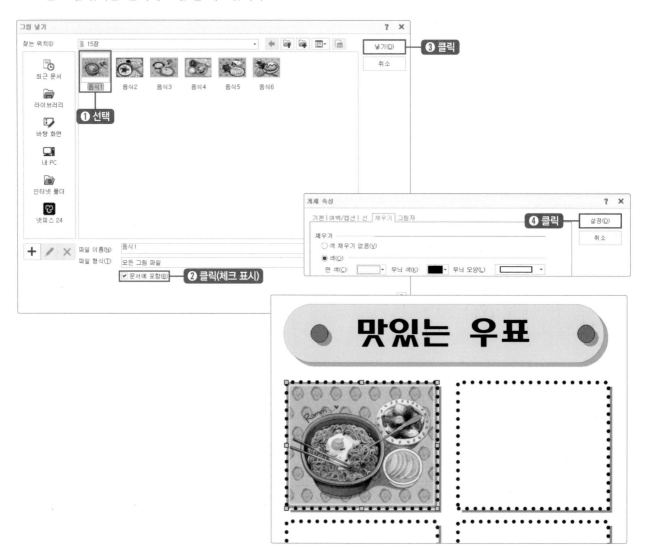

❸ 같은 방법으로 나머지 도형에도 그림을 추가합니다.

CHAPTER 15 혼자서 뚝딱 뚝딱!

📂 불러올 파일 : 15장_혼자서.hwp   📄 완성된 파일 : 15장_혼자서(완성).hwp

① [15장_혼자서.hwp] 파일을 불러온 후 아래 그림과 같이 작품을 완성해보세요.

❶ [입력]탭 - 그리기 개체 - 직사각형을 입력합니다.

❷ 직사각형-[개체속성]-[기본]탭 크기 너비(170mm), 높이(200mm)-[선]탭-선 색 (하양), 선 종류(원형 점선 ● ● ● ● ● ● ● ●), 선 굵기(2mm), [채우기] 탭- (바다색) 설정합니다.

※ 색상 테마는 '기본'입니다.

❸ [입력]탭-그리기 개체-직사각형-그려진 도형 위로 드래그 합니다.

❹ 직사각형-[개체속성]-[기본] 탭 크기 너비(165mm), 높이(195mm), [선]탭-선 종류(선 없음) [채우기] 탭-(하양) 지정한 후 바다색 도형 안쪽에 배치합니다.

❺ 스포츠 그림은 그리기마당의 스포츠레저(심벌)에서 삽입합니다.

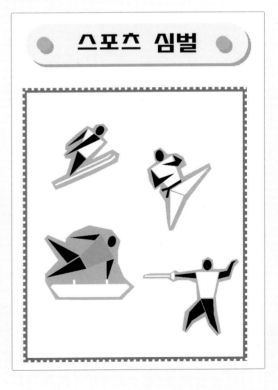

단원 종합 평가 문제

학 습 목 표

● 9장~15장에서 배운 내용을 평가해 봅니다.

1 표를 입력한 후 다음에서 사용한 기능은 무엇인가요?

❶ 셀 높이를 같게   ❷ 셀 너비를 같게   ❸ 셀 합치기   ❹ 셀 나누기

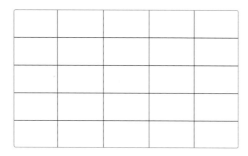

2 표를 입력한 후 다음에서 사용한 기능은 무엇인가요?

❶ 셀 높이를 같게   ❷ 셀 너비를 같게   ❸ 셀 합치기   ❹ 셀 나누기

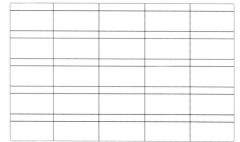

3 그림처럼 표에 떨어져 있는 셀들을 선택 할 때 사용하는 키는 무엇인가요?

❶ Esc   ❷ Ctrl

❸ Shift   ❹ Enter

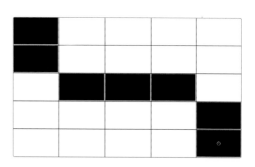

4 선택된 셀들을 해제 할 때 사용하는 키는 무엇인가요?

❶ Esc   ❷ Ctrl   ❸ Shift   ❹ Enter

⑤ 작업순서를 참고하여 아래 그림과 같이 문서를 완성하세요.

🗁 불러올 파일 : 16장.hwp   🖬 완성된 파일 : 16장(완성).hwp

〈작업 순서〉

❶ 16장.hwp를 불러옵니다.

❷ [입력] 탭 - [직사각형], 크기(너비-100mm, 높이-120mm)

❸ [선] 탭 - 색(주황), 종류(원형점선), 굵기(1.0mm) -
사각형 모서리 곡률(둥근모양)

❹ [채우기] 탭 - 면 색(주황 80% 밝게)

❺ 안쪽 도형은 크기(너비-80mm, 높이-100mm),
선 색(주황)

❻ 오른쪽으로 복사하여 도형의 면 색, 선 색을 변경

※ 색상 테마 : 오피스

임금님 귀는 당나귀 귀

학 습 목 표

● 문단 첫 글자 장식을 이용하여 예쁘게 글자를 꾸며 봅니다.
● 그리기마당 개체의 개체 풀기를 이용하여 행복한 임금님을 만들어 봅니다.

📂 불러올 파일 : 17장.hwp   💻 완성된 파일 : 17장(완성).hwp   🎨 색상 테마 : 기본

한 나라의 임금님은 어느날 당나귀처럼 커져버린 귀를 백성들에게 비밀로 하기 위해 항상 숨기고 다녔어요.

그러나 결국 *대나무* 숲을 통해 '임금님의 귀가 당나귀 귀' 라는 것이 나라에 소문이 났어요. 임금님은 보통 사람과 같은 귀를 가지게 해 달라고 매일 밤마다 간절하게 기도했어요.

그러자, 귀가 조금씩 줄어들어 임금님은 예쁜 귀를 가지게 되었어요.

행복한 얼굴의 임금님은 과연 어떤 모습일까요?

● 아래의 그림은 어떠한 속담을 표현하였어요.
   속담 해석을 하기 전에 그림만 보고 어떤 속담일까 한 번 생각해 볼까요?

01 글자 서식 변경

❶ 한글 NEO(2016)을 실행한 후 [서식 도구 상자]에서 [불러오기( )]를 클릭하여 [불러올 파일]-[17장]-
   '17장.hwp'를 불러옵니다.

❷ 글자 전체를 드래그하여 블록을 지정(Ctrl + A)한 후 [서식 도구 상자]에서 글꼴(맑은고딕), 글자크기
   (15pt)를 지정한 후 Esc 키를 눌러 블록 선택을 해제합니다.

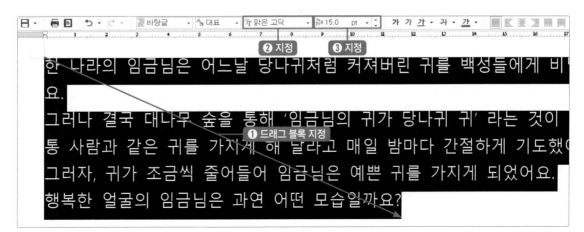

③ '대나무 숲'을 드래그하여 블록을 지정한 후 [서식 도구 상자]에서 기울임(*가*), 글자색(멜론색)을 지정
합니다.

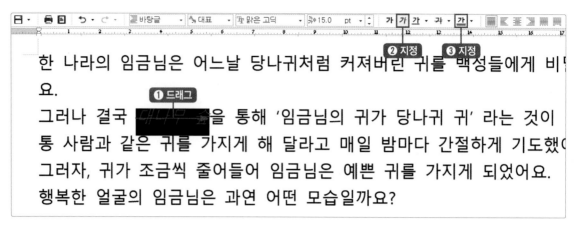

※ 색상 테마는 '기본'를 사용합니다.

④ '행복한 얼굴의 임금님'을 드래그하여 블록을 지정한 후 [서식 도구 상자]에서 진하게(**가**), 글자색(진달래
색)을 지정합니다.

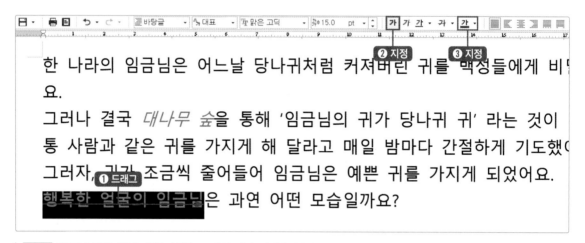

※주의 색상 테마 설정후 색상을 지정할 때 한글 NEO의 업그레이드 상태에 따라 색상 이름이 다르게 나오거나 이름이 없는 경우가 있습니다.(오류인 듯) 이런
경우 비슷한 색상으로 지정해주시기 바랍니다.

02 문단 첫 글자 장식

① 문단의 가장 앞 글자인 '한'의 뒤를 클릭합니다.

❷ [서식] 탭에서 [문단 첫 글자 장식()]을 클릭합니다. 이어서, [문단 첫 글자 장식] 대화상자에서 모양
(2줄), 글꼴(궁서), 면색(노른자색)을 지정한 후 <설정> 단추를 클릭합니다.

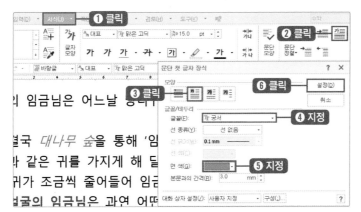

03 그리기마당의 개체 입력과 개체 바꾸기

❶ [입력] 탭에서 [그리기마당]을 클릭한 후
[그리기마당] 대화상자가 나오면 '찾을 파일'
입력 칸에 '임금님'을 입력하고 <찾기> 단추
를 클릭합니다. 이어서 '임금님귀는당나귀
귀'를 선택한 후 <넣기> 단추를 클릭합니다.

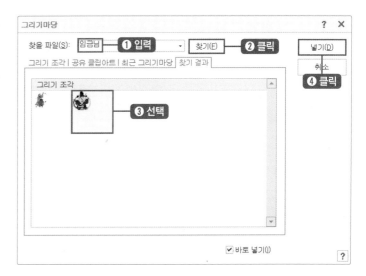

❷ 마우스 커서가 ┼ 모양으로 변경되면 드래그하여 입력하고 크기 및
위치를 조절합니다.

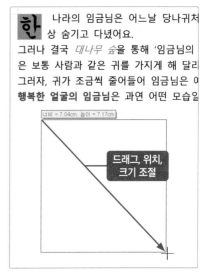

③ '임금님귀는당나나귀귀' 개체 위에서 마우스 오른쪽 단추를 클릭한 후 [개체 풀기]를 네 번 반복해서 실행합니다.

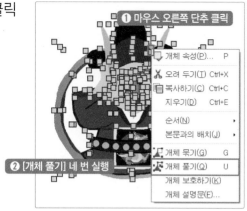

④ **Esc** 키를 눌러 모든 선택 해제 합니다.

⑤ 얼굴 주변(눈, 코, 눈물, 주름, 눈썹, 양쪽 귀)을 각각 클릭한 후 **Delete** 키를 눌러 삭제합니다.

※ **Shift** 키를 누른 채 클릭하면 다중 선택이 가능합니다.

⑥ [입력] 탭에서 그림(🖼️)을 클릭한 후 [그림 넣기] 대화상자에서 [17장]-'표정'을 선택한 후 '문서에 포함'과 '마우스로 크기 지정'을 선택하고 <넣기> 단추를 클릭합니다.

⑦ 임금님 얼굴 위에 드래그하여 표정 그림을 입력합니다.

⑧ [그림] 탭에서 배치-'글 앞으로'를 클릭합니다.

CHAPTER 17 혼자서 뚝딱 뚝딱!

📂 불러올 파일 : 17장_혼자서.hwp 💾 완성된 파일 : 17장_혼자서(완성).hwp

① [17장_혼자서.hwp] 파일을 불러온 후 아래 그림과 같이 작품을 완성해보세요.

> **내** 비밀은 이런 거야. 매우 간단한 거지. 오로지 마음으로 보아야만 정확하게 볼 수 있어...
> *가장 중요한 것은 눈에는 보이지 않는 법이야."*

❶ 글자 전체의 글꼴(맑은고딕), 글자 크기(20pt)으로 지정합니다.

❷ 문단의 가장 앞글자 '내' 의 뒤를 클릭 – 문단 첫글자 장식 모양(2줄), 글꼴(한컴 쿨재즈 B), 면 색(노랑)을 설정합니다. ※ 색상 테마는 '오피스'입니다.

❸ 내용의 맨 마지막 줄 ('가장~법이야')까지 글자서식 (기울임), 글자 색(보라) 설정합니다.

문자(이모티콘) 만들기

● 문자표와 키보드의 기호를 이용하여 다양한 문자(이모티콘)를 입력합니다.

📁 불러올 파일 : 18장.hwp   🖼 완성된 파일 : 18장(완성).hwp   🐱 색상 테마 : 오피스

● 눈과 입의 표정만으로도 감정을 알 수 있어요 .
  무슨 일이 있었을까요?

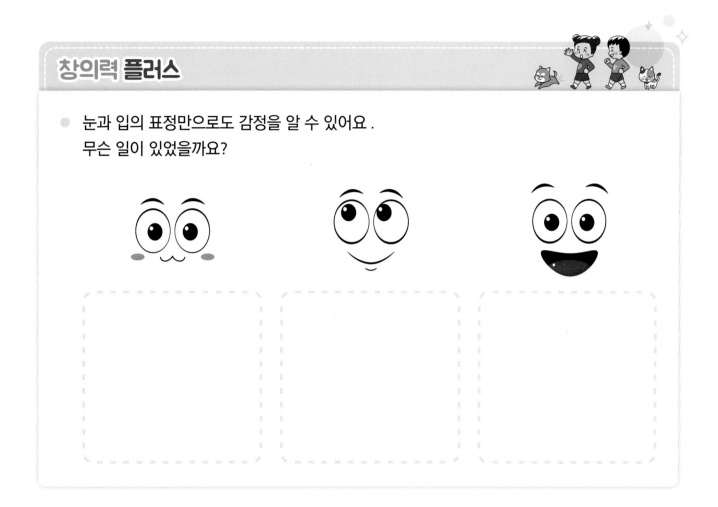

07 도형을 복사하고 도형의 색 변경

❶ 윈도우 탐색기를 실행한 후 [불러올 파일]-[18장]-'18장.hwp' 파일을 더블 클릭하여 한글 파일을 실행합니다.

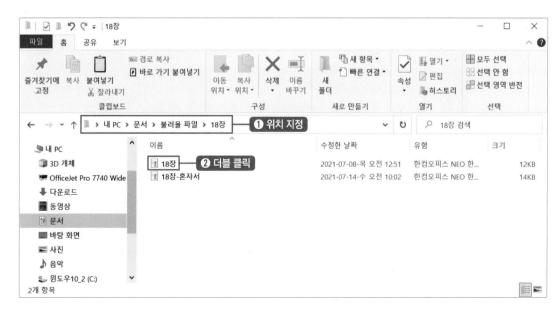

❷ 폰 안의 도형 두 개를 Shift 키를 눌러 모두 선택한 후 Ctrl + Shift 키를 동시에 누른 채 아래로 드래그합니다.

※ Shift 키를 누른 채 클릭하면 다중 선택이 가능하고, Shift 와 Ctrl 키를 동시에 누르고 드래그 하면 수평, 수직으로 복사를 할 수 있습니다.

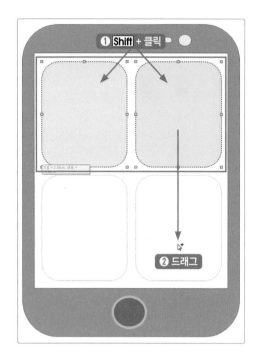
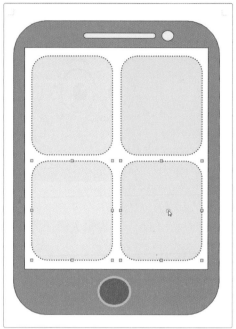

❸ 아래 위치한 도형을 클릭한 후 [도형] 탭의 채우기에서 색을 변경합니다.

※ 채우기 면색은 자신이 원하는 색으로 지정해 보세요.

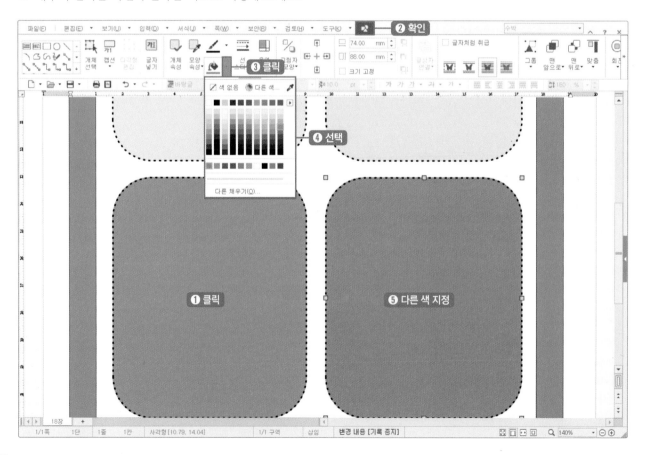

02 문자표와 키보드 기호 입력하기

① 첫 번째 도형 위에서 마우스 오른쪽 단추를 클릭한 후 '도형안에 글자 넣기'를 클릭합니다.

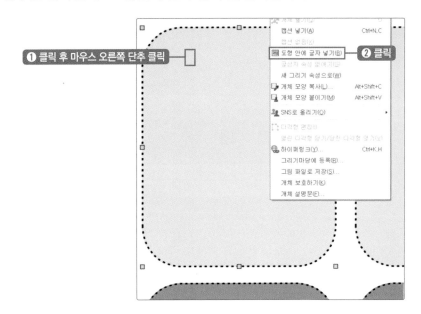

② 도형 안에 오른쪽 그림을 참고해서 '엄마 사랑해요'를 입력한 후 Enter 키를 한 번 누르고 다음 줄에 '아빠 사랑해요'를 입력합니다.

③ '엄마 사랑해요' 오른쪽에 한 칸을 띄운 후 커서를 위치 시키고 Ctrl + F10 키를 동시에 누릅니다. [문자표 입력] 대화상자에서-[사용자 문자표]-[기호2]에서 '♡'를 선택한 후 <넣기> 단추를 클릭합니다.

④ '아빠 사랑해요' 다음 칸에는 '♥'를 입력합니다.

⑤ '아빠 사랑해요 ♥' 다음에서 Enter 키를 두 번 누르고 키보드에서 Shift 키를 누른 채 '>'와 '<'를 누릅니다. 이어서, 커서를 '><' 가운데 놓고 Ctrl + F10 키를 동시에 누른 후 [문자표 입력] 대화상자에서-[사용자 문자표]-[기호1]에서 '▽'를 선택한 후 <넣기> 단추를 클릭합니다.

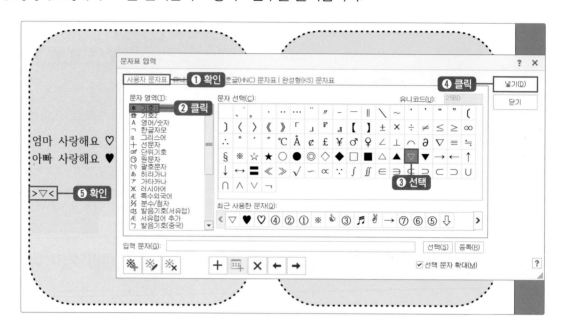

⑥ 내용 전체를 드래그하여 블록으로 지정한 후 [서식 도구 상자]에서 글꼴(맑은 고딕), 글자크기(20pt), 가운데 정렬(≡)을 지정합니다.

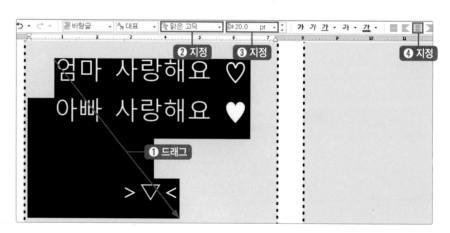

⑦ 위와 똑같은 방법으로 두 번째 도형의 문자(이모티콘)도 완성합니다.

　　※ 글꼴(HY나무M), 글자크기(18pt), 가운데 정렬

　　※ '▽' 문자는 [사용자 문자표] 문자 영역 (기호1), >, <, ^, * 는 모두 키보드에 있어요!

📂 불러올 파일 : 18장_혼자서.hwp   📄 완성된 파일 : 18장_혼자서(완성).hwp

1 문자표를 입력하여 마지막 도형의 이모티콘을 완성해 보세요.

※ 3번째 도형

- 글꼴(HY수평선B), 글자크기(20pt), 가운데 정렬(≡)

- [한글(HNC) 문자표]-[기타 기호]에서 찾아보세요!

※ 4번째 도형

- 글꼴(양재블럭체), 글자크기(18pt), 가운데 정렬(≡)

- [사용자 문자표]-[특수기호 및 딩뱃기호]에서 찾아보세요!

TIP 문자표 한 번에 입력 하기

입력하려는 문자표를 각각 더블 클릭하면 '입력 문자'입력 칸에 선택한 문자표가 나타나고 <넣기>를 클릭하면 한 번에 여러 개의 문자를 입력할 수 있습니다.

입력 문자(G): ♩ ♪ ♫

가로 세로 퍼즐

학 습 목 표

● 문자표를 입력하여 문서를 꾸며 봅니다.

● 표를 입력하여 가로 세로 낱말 퀴즈를 완성해 봅니다.

배운 내용 미리보기!

📁 불러올 파일 : 19장.hwp   📘 완성된 파일 : 19장(완성).hwp   🎨 색상 테마 : 기본

표에
색이 떨어져서
있고 없고 하는데..
한번에 색넣는
방법은 없을까?

있지!
우리 복사 때 사용한
Ctrl 키와
함께 쓰면 돼!

맞아요!
잘 생각했어요.
Ctrl 키를
사용해 볼까요?

가로 세로 낱말 퀴즈

♣ 가로 퀴즈
① 겨울에는 친구들과 이것을 만들며 놀아요.
② 가운데를 다른 말로 이렇게 불러요.
③ 라면을 끓일 때는 이 도구가 필요해요.
⑤ 검정 고무신, 도라에몽 등의 장르를 이렇게 불러요.

♣ 세로 퀴즈
① 슬픈 일이 있을 때 눈에서 나와요.
② 초등학교를 졸업하면 이곳으로 진학해요.
④ 여행을 다닐 때 필요한 비용을 말하는 단어에요.
⑥ 비가 올 때 신어요.

①				④
			③	
	②			
				⑥
			⑤	

창의력 플러스

● 수수께기

1 동물 중에 가장 비싼 동물은 ?

2 투명한 집을 영어로 하면?

3 이상한 사람들이 모이는 곳?

4 세상에서 제일 지루한 중학교는?

5 눈앞을 막았는데 더 잘보이는 것은?

---

07 퀴즈 내용 서식 변경 문자표 입력

❶ 한글 NEO(2016)을 실행한 후 [서식 도구 상자]에서 [불러오기(📁)]를 클릭하여 [불러올 파일]-[19장]-
'19장.hwp'를 불러옵니다.

② 퀴즈의 내용 전체를 드래그하여 블록을 지정하고 글꼴(휴먼모음T), 글자 크기(18pt)을 지정한 후, **Esc** 키를 눌러 블록을 해제합니다.

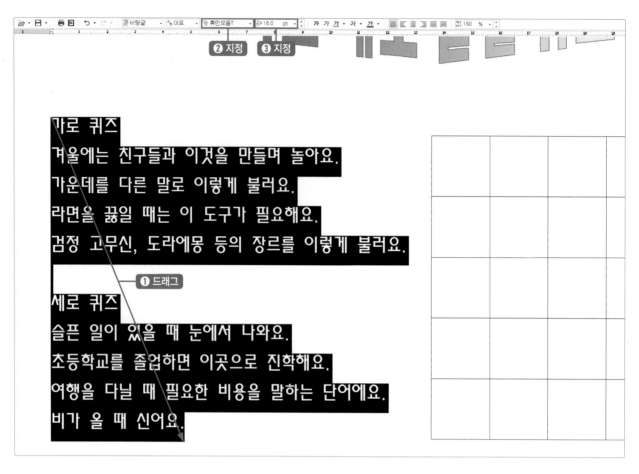

③ '가로 퀴즈'를 드래그하여 블록으로 지정한 후 마우스 오른쪽 단추를 클릭한 후 [글자 모양]을 클릭합니다.

④ [글자 모양] 대화상자에서 음영색(멜론색 40% 밝게)를 지정한 후 <설정> 단추를 클릭합니다.

⑤ 똑 같은 방법으로 '세로 퀴즈'는 음영색(노른자색 20% 밝게)를 설정합니다.

※ 색상 테마는 '기본'을 사용합니다.

※주의 색상 테마 설정후 색상을 지정할 때 한글 NEO의 업그레이드 상태에 따라 색상 이름이 다르게 나오거나 이름이 없는 경우가 있습니다.(오류인 듯) 이런 경우 비슷한 색상 으로 지정해주시기 바랍니다.

가로 퀴즈
겨울에는 친구들과 이것을 만들며 놀아요.
가운데를 다른 말로 이렇게 불러요.
라면을 끓일 때는 이 도구가 필요해요.
검정 고무신, 도라에몽 등의 장르를 이렇게 불러요.

세로 퀴즈
슬픈 일이 있을 때 눈에서 나와요.

⑥ '가로 퀴즈' 글자 맨 앞을 클릭한 후 **Ctrl** + **F10**을 동시에 눌러 [문자표]를 실행합니다.

⑦ [문자표 입력] 대화상자에서 [사용자 문자표]-[기호2]-'♣' 선택한 후 <넣기> 단추를 클릭합니다.

⑧ '♣'와 '가' 사이에 **Space Bar** 키를 한 번 눌러 한 칸 띄어쓰기를 합니다.

⑨ 똑같은 방법으로 '세로 퀴즈' 글자 앞에도 문자표 '♣'를 입력합니다.

♣ 가로 퀴즈
겨울에는 친구들과 이것을 만들며 놀아요.
가운데를 다른 말로 이렇게 불러요.
라면을 끓일 때는 이 도구가 필요해요.
검정 고무신, 도라에몽 등의 장르를 이렇게 불러요.

♣ 세로 퀴즈
슬픈 일이 있을 때 눈에서 나와요.

① 표 안의 셀 전체를 드래그하여 블록을 지정한 후 알파벳 'L' 키를 눌러 [셀 테두리/배경] 대화상자의 [테두리] 탭에서 셀 테두리 종류(얇고 굵은 이중선 ▬▬▬▬▬), 셀 테두리 굵기 0.7mm, 테두리 모두(田)을 지정한 후 <설정> 단추를 클릭합니다. 이어서, Esc 키를 눌러 블록 설정을 해제합니다.

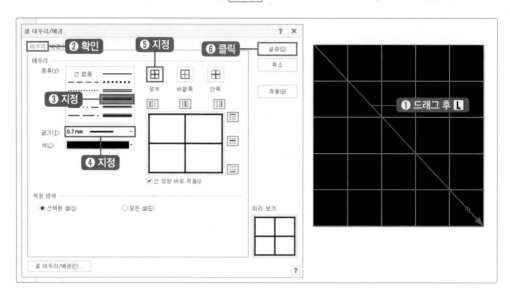

② 오른쪽 그림과 같이 Ctrl 키를 누른 채 표 안의 셀(칸)을 각각 선택하여 블록을 지정한 후 알파벳 'C' 키를 눌러 [셀 테두리/배경] 대화상자의 [배경] 탭에서 면 색 (진달래색 80% 밝게)를 지정한 후 <설정> 단추를 클릭합니다.

TIP

표의 셀 테두리는 'L', 표의 셀 배경색은 'C' 키 또는 [마우스 오른쪽 단추]-[셀테두리/배경]–[각 셀마다 적용]을 클릭하여 셀 테두리와 셀 배경색을 지정할 수 있습니다. 또한 진달래색이 없으면 비슷한 색으로 자유롭게 지정하세요.

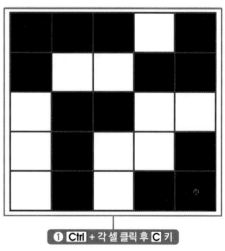

❶ Ctrl + 각 셀 클릭 후 C 키

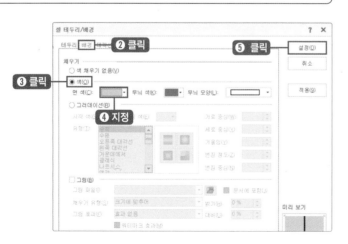

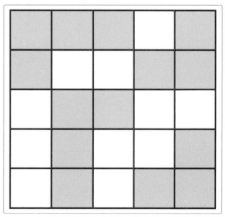

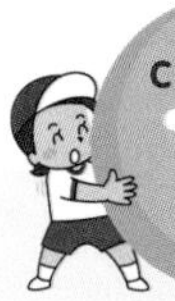

📁 불러올 파일 : 19장_혼자서.hwp   💾 완성된 파일 : 19장_혼자서(완성).hwp

① 19장_혼자서.hwp 파일을 열어 아래 그림을 참고해서 작품을 완성해 보세요.

❶ 표 테두리 클릭한 후 [서식 도구 상자]에서 글자크기(24pt), 가운데 정렬(≣)을 지정합니다.

❷ [문자표]-[문자표 입력] 대화상자-[사용자 문자표]-문자영역(원문자)

❸ 문제 아래의 번호와 글자 사이는 한 칸 띄우기

가로 세로 낱말 퀴즈

♣ 가로 퀴즈

① 겨울에는 친구들과 이것을 만들며 놀아요.

② 가운데를 다른 말로 이렇게 불러요.

③ 라면을 끓일 때는 이 도구가 필요해요.

⑤ 검정 고무신, 도라에몽 등의 장르를 이렇게 불러요.

♣ 세로 퀴즈

① 슬픈 일이 있을 때 눈에서 나와요.

② 초등학교를 졸업하면 이곳으로 진학해요.

④ 여행을 다닐 때 필요한 비용을 말하는 단어에요.

⑥ 비가 올 때 신어요.

인기 캐릭터 순위

학습목표

- 표를 입력한 후 표의 속성을 변경해 봅니다.
- 차트 만들고 그림을 넣어 캐릭터 순위 차트를 완성해 봅시다.

📂 불러올 파일 : 20장.hwp 🖥 완성된 파일 : 20장(완성).hwp 🐱 색상 테마 : 없음

캐릭터	미키마우스	뚱이	도라미	둘리	스폰지밥	도라에몽
인기도	2	7	4	3	8	10

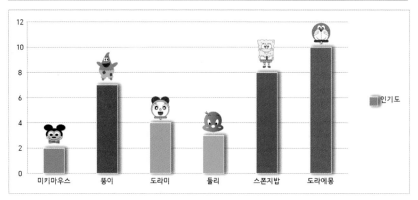

● 그림을 보고 틀린 그림 4개를 찾아 표시해 보세요.

01 표 만들기

① 한글 NEO(2016)를 실행한 후 [서식 도구 상자]에서 [불러오기(📂)]를 클릭하여 [불러올 파일]-[20장]-'20장.hwp' 파일을 불러옵니다.

② [입력] 탭에서 [표(▦)]를 클릭한 후 [표 만들기] 대화상자에서 줄 수(2), 칸 수(7), '글자처럼 취급'을 체크한 후 <만들기> 단추를 클릭합니다.

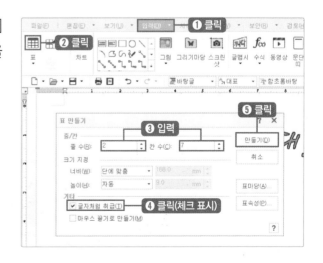

❸ 아래의 그림과 같이 글자를 입력 합니다.

※ 글자 입력 후 셀 이동 : 방향키 또는 'TAB' 키

캐릭터	미키마우스	뚱이	도라미	둘리	스폰지밥	도라에몽
인기도	2	7	4	3	8	10

❹ 표 테두리 위에서 마우스 모양이 ⬚로 바뀌면 클릭하여 표를 선택합니다. 이어서, [표(⬛ (Q) ▾)] 탭의 스타일(⬚ ⬛)의 자세히 단추(↓)를 클릭하여 '밝게-밝은 스타일3 분홍 색조(⬚)'를 선택한 후 Esc 키를 눌러 선택을 해제합니다.

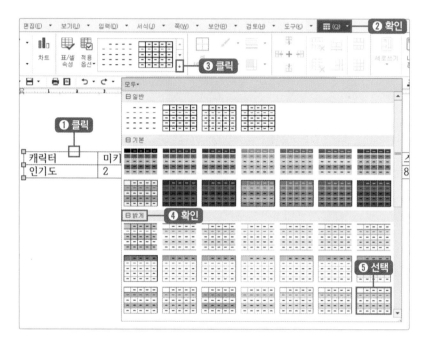

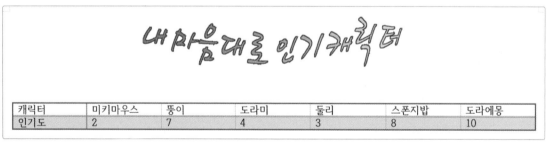

❺ 아무 셀(칸)이나 클릭한 후 F5 키를 연속으로 3번 눌러 표 전체 블록으로 지정합니다. [서식 도구 상자]에서 글꼴 (맑은 고딕), 글자 크기(12pt), 가운데 정렬(▤) 합니다. 이어서, Ctrl 키를 누른 채 방향키 ↓를 10번을 눌러 셀(칸)의 크기를 조절합니다.

캐릭터	미키마우스	뚱이	도라미	둘리	스폰지밥	도라에몽
인기도	2	7	4	3	8	10

❺ Ctrl + ↓ 10번

02 차트 만들기

① 표 안의 셀을 전체 드래그하여 블록으로 지정한 후 [표(⊞ (Q) ▼)] 탭에서 차트(ⅰ)를 클릭합니다.

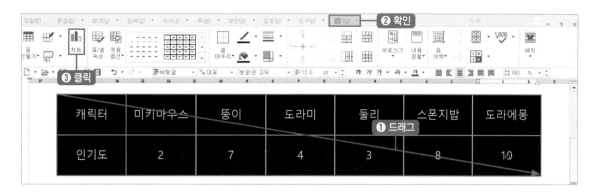

② 차트를 표 아래쪽으로 드래그한 후 차트의 오른쪽 아래 대각선 조절점을 드래그하여 크기 조절합니다.

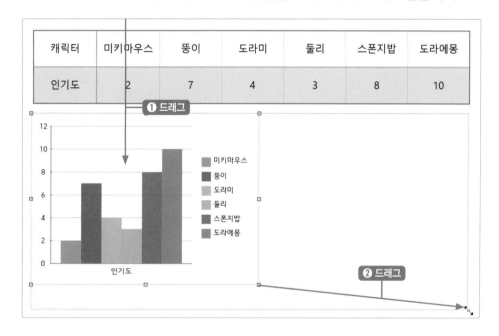

③ [차트] 탭의 [데이터 범위]에서 행을 선택합니다.

④ [차트] 탭에서 [스타일]의 자세히 단추를 클릭한 후 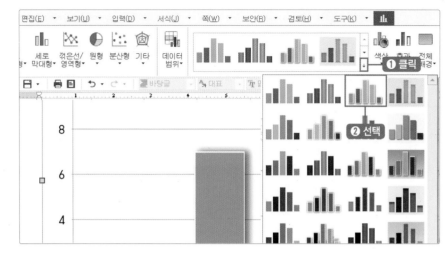(파스텔색, 흰색 테두리, 그림자 모양)을 선택합니다.

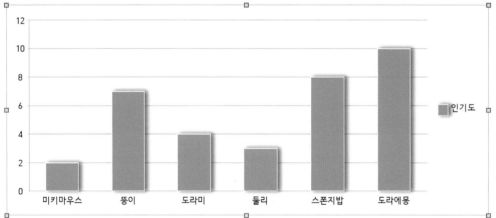

▲ 한글 NEO 버전의 상황에 따라 스타일 적용이 제대로 되지 않는 경우가 있습니다.(오류인 듯) 아래 ⑤번을 다시 한번 실행합니다.

⑤ **Ctrl** + **Z** 키를 누른 후 다시 한번 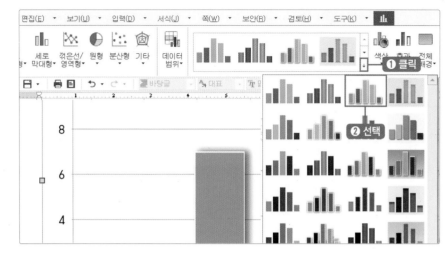(파스텔색, 흰색 테두리, 그림자 모양)을 선택합니다.

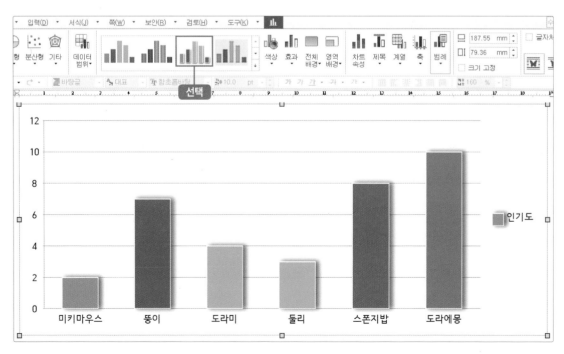

📁 불러올 파일 : 20장_혼자서.hwp   💾 완성된 파일 : 20장_혼자서(완성).hwp

① 20장_혼자서.hwp 파일을 열어 작품을 완성해 보세요.

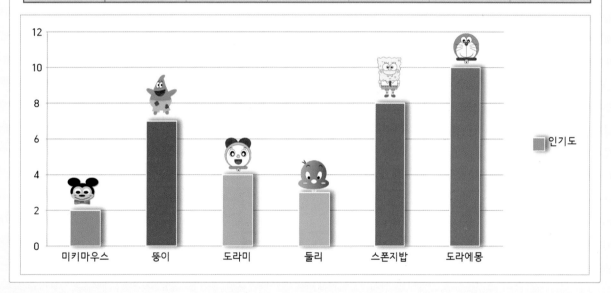

캐릭터	미키마우스	뚱이	도라미	둘리	스폰지밥	도라에몽
인기도	2	7	4	3	8	10

❶ [입력] 탭-[그림(🖼)]-[그림 넣기] 대화상자-[불러올 파일]-[20장]-'캐릭터1'-<넣기>-드래그하여 크기 및 위치조절

※ 모든 그림 입력은 '문서에 포함'과 '마우스로 크기 지정'을 체크합니다.

❷ 똑같은 방법으로 나머지 '캐릭터 2~6' 그림을 입력합니다.

※ 그림의 크기 및 위치를 조절 하다가 차트가 클릭되었을 때는 ESC 키를 눌러 모든 선택을 해제한 후 다시 조절 합니다.

※ 그림이 원하는 위치로 이동 되지 않을 경우 그림을 클릭한 후 [서식 도구 상자]의 배치(▼)에서 '글 앞으로'를 선택합니다.

CHAPTER 21

우정 쿠폰

학 습 목 표

● 글자 서식을 변경하여 우정 쿠폰을 완성합니다.
● 간단한 한자를 입력합니다.

📁 불러올 파일 : 21장.hwp   🖥 완성된 파일 : 21장(완성).hwp   🐱 색상 테마 : 오피스

배운내용 미리보기!

● 내가 소중하다고 느끼는 물건은 무엇이 있나요? 그리고 그 물건이 언제 소중해졌나요?

> ⓔ 나는 이모가 선물로 주신 시계가 좋아요. 좋아하는 이모와 같은 색의 시계이거든요.

---

01 내용 입력하기

① 한글 NEO(2016)을 실행한 후 [서식 도구 상자]에서 [불러오기(📁)]를 클릭하여 [불러올 파일]-[21장]-'21장.hwp'를 불러옵니다.

② 맨 위 첫 번째 줄에 '우 정 쿠 폰'을 입력하고 **Enter** 키를 한 번 누르고 다음 줄에 아래 그림과 같이 입력합니다.

※ 홍길동' 대신 친한 친구의 이름을 입력합니다.

```
┌─────────── 입력 ───────────┐
│                             │
│ 우 정 쿠 폰                 │
│ 사랑하는 나의 친구 홍길동에게 우정 쿠폰을 선물합니다. │
│ 단, 하루에 한 장만 사용이 가능합니다.      │
│                             │
└─────────────────────────────┘
```

① '우 정 쿠 폰'을 드래그하여 블록을 지정한 후 [서식 도구 상자]에서 글꼴(한컴 윤고딕 240), 글자 크기 (72pt)를 지정한 후 **Esc** 키를 눌러 블록을 해제합니다.

② '우'를 드래그하여 블록을 지정한 후 [서식 도구 상자]에서 글자 색(주황)으로 나머지 글자의 색은 '정(남색), 쿠(보라), 폰(초록)'으로 변경합니다.

※ 색상 테마는 '오피스' 입니다.

③ 내용 전체('사랑하는 ~ 가능합니다.')를 드래그하여 블록을 지정한 후 [서식 도구 상자]에서 글꼴(한컴 윤고딕 240), 글자 크기(20pt)를 지정한 후 **Esc** 키를 눌러 블록을 해제합니다.

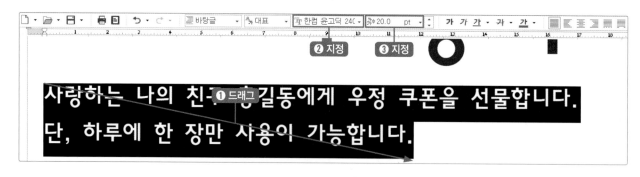

④ 내용의 두 번째 줄을 드래그하여 블록을 지정한 후 [서식 도구 상자]에서 글자 색(빨강)을 지정한 후 **Esc** 키를 눌러 블록을 해제합니다.

⑤ '홍길동(친구이름)'을 드래그하여 블록을 지정한 후 글자 위에서 마우스 오른쪽 단추를 클릭하여 [글자 모양]을 클릭합니다.

⑥ [글자모양] 대화상자의 [확장] 탭에서 그림자(연속), 색-(주황80% 밝게), 기타(강조점-첫 번째 강조점())을 지정하고 <설정> 단추를 클릭합니다.

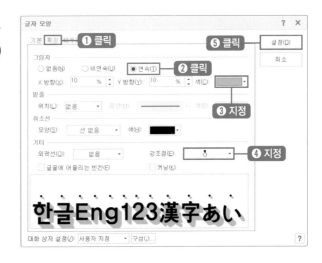

⑦ 제목(우 정 쿠 폰)과 내용 전체를 드래그하여 블록을 지정한 후 [서식 도구 상자]에서 가운데 정렬(), 줄 간격(130%)을 지정한 후 **Esc** 키를 눌러 블록을 해제합니다.

03 한자 추가하기

① '친구'를 마우스로 드래그하여 블록을 지정한 후 [한자] 또는 [F9] 키를 누르고 [한자로 바꾸기] 대화상자에서 한자 목록 중 원하는 한자를 선택합니다. 이어서, 입력형식을 아래 그림과 같이 지정한 후 <바꾸기> 단추를 클릭합니다.

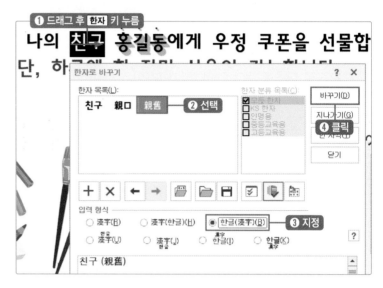

② 아래와 같이 한글 '친구'가 한글(한자)로 변경된 것을 확인합니다.

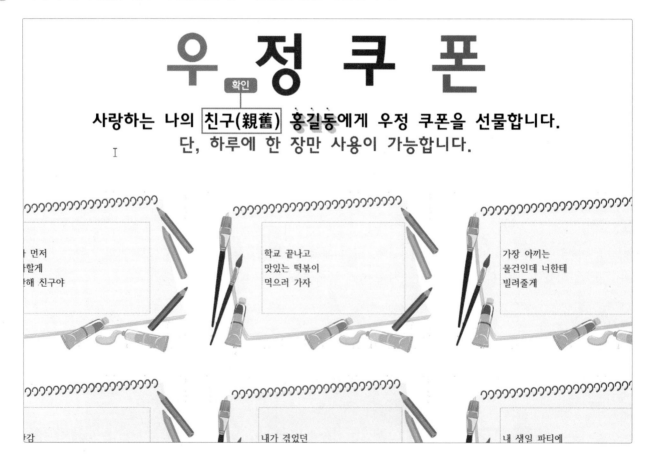

📂 불러올 파일 : 21장_혼자서.hwp   🖥 완성된 파일 : 21장_혼자서(완성).hwp

① 21장_혼자서.hwp 파일을 열어 아래와 같이 쿠폰 내용 서식을 변경해보세요.

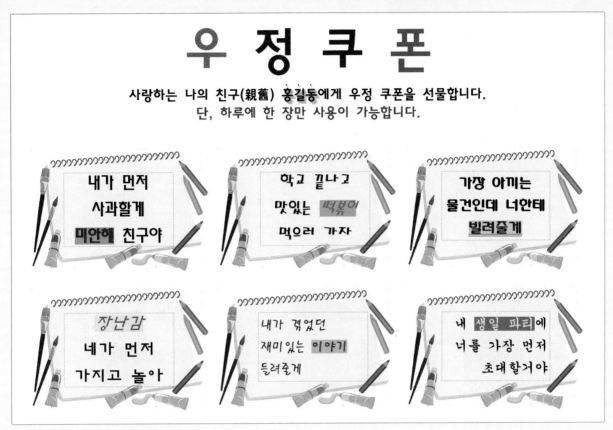

❶ 첫 번째 쿠폰의 내용은 글꼴(휴먼모음T), 글자 크기(24pt), 가운데 정렬, '미안해' 글자만 글자 색 (파랑), 진하게, 음영색(주황 40% 밝게)로 지정합니다.

❷ 두 번째 쿠폰의 내용은 글꼴(휴먼매직체), 글자 크기(24pt), 가운데 정렬, '떡볶이' 글자만 글자 색 (주황), 기울임, 음영색(보라 80% 밝게)로 지정합니다.

❸ 세 번째 쿠폰의 내용은 글꼴(HY동녘B), 글자 크기(20pt), 가운데 정렬, '빌려줄게' 글자만 글자 색 (보라), 밑줄, 음영색(초록 80% 밝게)로 지정합니다.

❹ 네 번째 쿠폰의 내용은 글꼴(HY나무B), 글자 크기(24pt), 가운데 정렬, '장난감' 글자만 글자 색 (초록), 기울임, 음영색(노랑)로 지정합니다.

❺ 다섯 번째 쿠폰의 내용은 글꼴(휴먼편지체), 글자 크기(20pt), 왼쪽 정렬, '이야기' 글자만 글자 색 (빨강), 진하게, 음영색(파랑 80% 밝게)로 지정합니다.

❻ 여섯 번째 쿠폰 내용은 글꼴(궁서), 글자 크기(20pt), 오른쪽 정렬, '생일 파티' 글자만 글자 색 (노랑), 음영색(주황)으로 지정합니다.

한국 초등학교 해바라기 반

● 제목의 서식을 변경하고 표의 속성을 변경해 봅니다.

📁 불러올 파일 : 22장.hwp 🗒 완성된 파일 : 22장(완성).hwp 🍭 색상 테마 : 오피스

창의력 플러스

● 빈 칸에 기호를 그려주세요.
  단, 가로 세로 같은 줄에는 같은 기호가 올 수 없어요.
  기호는 "◑, ☀, ☺, ☾, ♥, ☆"입니다.

01 편집 용지 설정 및 글자 입력

① 윈도우 탐색기를 실행한 후 [불러올 파일]–[22장]–'22장.hwp' 파일을 더블 클릭하여 한글 파일을 불러 옵니다.

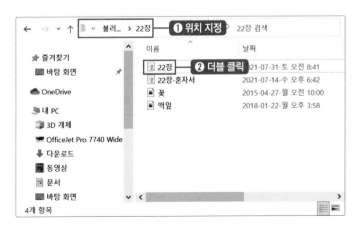

❶ '한국 초등학교'와 '해바라기 반' 글자 전체를 블록으로 지정한 후 [서식 도구 상자]에서 글꼴(양재블럭체), 글자 크기(48pt), 가운데 정렬(▤)을 지정한 후 **Esc** 키를 눌러 블록을 해제합니다.

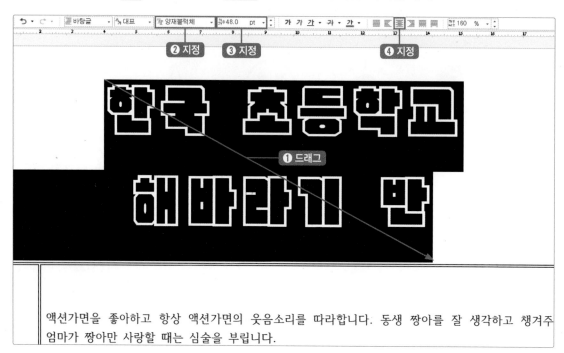

❷ 아래와 같이 [서식 도구 상자]를 이용하여 글꼴을 변경해 봅니다.

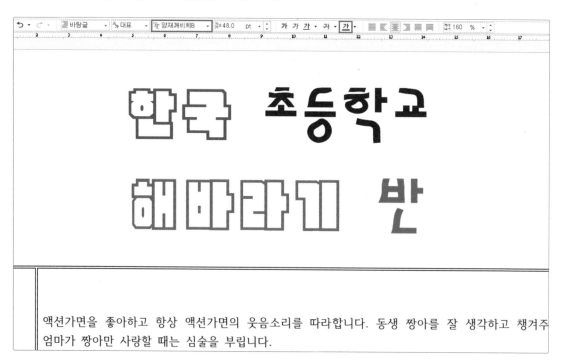

- 한국 : 글자 색 (초록)
- 초등학교 : 글꼴(양재깨비체B), 글자 색(남색)
- 해바라기반 : 글자 색(주황)
- 반 : 글꼴(양째깨비체B), 글자 색(보라 60% 밝게)

① [입력] 탭에서 [그림( )]을 클릭한 후 [그림 넣기] 대화상자에서 [22장]-'떡잎'을 선택하고 '문서에 포함'과 '마우스로 크기 지정'을 체크 후 <넣기> 단추를 클릭합니다.

② 이어서, 글자 왼쪽에서 드래그하여 그림을 입력한 후 [그림] 탭의 배치( )를 클릭하여 글 앞으로를 선택하고 크기 및 위치를 조절합니다.

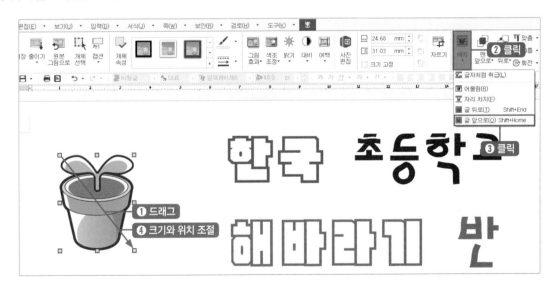

③ 똑같은 방법으로 '꽃' 그림을 입력합니다.

❶ 왼쪽 셀 전체('짱구~훈이')를 드래그
하여 블록을 지정한 후 [표] 탭에서
세로쓰기(㎓), 글꼴(양재튼튼체B),
글자 크기(32pt), 가운데 정렬(㆔)을
지정한 후 Esc 키를 눌러 블록을
해제합니다.

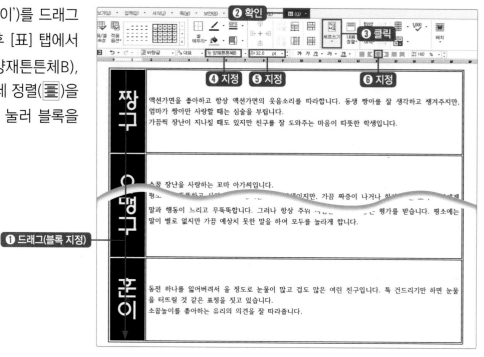

❷ '짱구'만 드래그하여 블록을 지정
한 후 [서식 도구 상자]에서 글자 색
(파랑)을 지정하고 나머지도 다음과
같이 글자 색을 변경합니다.

● 유리 : 보라
● 철수 : 탁한 황갈
● 맹구 : 초록
● 훈이 : 주황

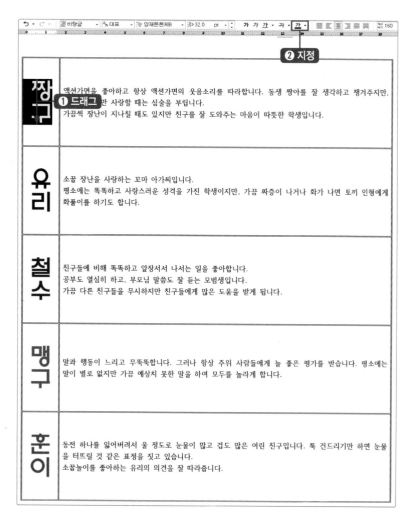

CHAPTER
22

혼자서 뚝딱 뚝딱!

📂 불러올 파일 : 22장_혼자서.hwp 📄 완성된 파일 : 22장_혼자서(완성).hwp

① 22일차_연습.hwp 파일을 열어 아래 그림과 같이 완성해보세요.

짱구	액션가면을 좋아하고 항상 액션가면의 웃음소리를 따라합니다. 동생 짱아를 잘 생각하고 챙겨주지만, 엄마가 짱아만 사랑할 때는 심술을 부립니다. 가끔씩 장난이 지나칠 때도 있지만 친구를 잘 도와주는 마음이 따뜻한 학생입니다.
유리	소꿉 장난을 사랑하는 꼬마 아가씨입니다. 평소에는 똑똑하고 사랑스러운 성격을 가진 학생이지만, 가끔 짜증이 나거나 화가 나면 토끼 인형에게 화풀이를 하기도 합니다.
철수	친구들에 비해 똑똑하고 앞장서서 나서는 일을 좋아합니다. 공부도 열심히 하고, 부모님 말씀도 잘 듣는 모범생입니다. 가끔 다른 친구들을 무시하지만 친구들에게 많은 도움을 받게 됩니다.
맹구	말과 행동이 느리고 무뚝뚝합니다. 그러나 항상 주위 사람들에게 늘 좋은 평가를 받습니다. 평소에는 말이 별로 없지만 가끔 예상치 못한 말을 하여 모두를 놀라게 합니다.
훈이	동전 하나를 잃어버려서 울 정도로 눈물이 많고 겁도 많은 여린 친구입니다. 툭 건드리기만 하면 눈물을 터뜨릴 것 같은 표정을 짓고 있습니다. 소꿉놀이를 좋아하는 유리의 의견을 잘 따라줍니다.

❶ 오른쪽 셀 전체를 드래그하여 블록을 지정한 후 [서식 도구 상자]에서 글꼴(휴먼모음T), 글자 크기(16pt)를 지정하고 **Esc** 키를 눌러 블록을 해제합니다.

❷ 오른쪽 첫 번째 셀(칸)을 클릭한 후 셀 배경 색(파랑 90% 밝게)을 지정합니다.

❸ 오른쪽 두 번째 셀(칸)을 클릭한 후 셀 배경 색(보라 90% 밝게)을 지정합니다.

❹ 오른쪽 세 번째 셀(칸)을 클릭한 후 셀 배경 색(탁한 황갈 90% 밝게)을 지정합니다.

❺ 오른쪽 네 번째 셀(칸)을 클릭한 후 셀 배경 색(초록 90% 밝게)을 지정합니다.

❻ 오른쪽 다섯 번째 셀(칸)을 클릭한 후 셀 배경 색(주황 60% 밝게)을 지정합니다.

※ 색상 테마는 '오피스'입니다.

색상으로 알아보는 나의 성격

학습목표

- 도형을 만들어 복사한 후 다양하게 서식을 지정해 봅니다.
- 하이퍼링크를 연결하여 문서를 완성해 봅니다.

📁 불러올 파일 : 23장.hwp 📗 완성된 파일 : 23장(완성).hwp 🐱 색상 테마 : 오피스

배운내용 미리보기!

● 세상에는 다양한 직업이 있습니다.
지금 여러분이랑 함께 공부하는 컴퓨터 선생님도 있고요.
여러분은 커서 어떤 직업을 가지고 싶나요?

여러분이 희망하는 직업을 자유롭게 써 보고 친구들과 얘기해 볼까요?

(예) 나는 커서 유튜버가 될거야. 내가 지금 유튜브를 많이 보는데 나는 내가 좋아하는 곳을 사람들에게 소개하고 싶어요.

01 도형 복사

❶ 한글 NEO(2016)을 실행한 후 [서식 도구
상자]에서 [불러오기()]를 클릭하여
[불러올 파일]-[23장]-'23장.hwp' 파일
을 불러옵니다.

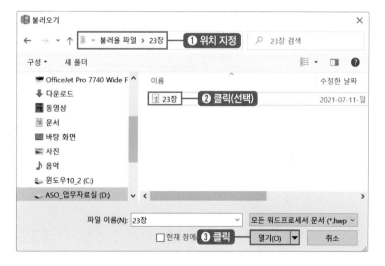

② '빨강' 도형의 테두리 위에서 마우스 모양이 ⬚로 바뀌면 클릭하여 도형을 선택한 후 **Ctrl** + **Shift** 키를 누른 채 오른쪽으로 드래그를 합니다. 이어서, **Esc** 키를 눌러 선택을 해제합니다.

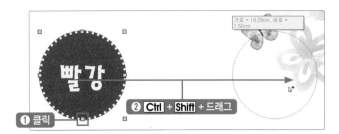

③ 복사한 도형의 내용(주황)을 드래그하여 블록을 지정한 후 '주황'을 입력하고 채우기(주황)을 지정합니다.

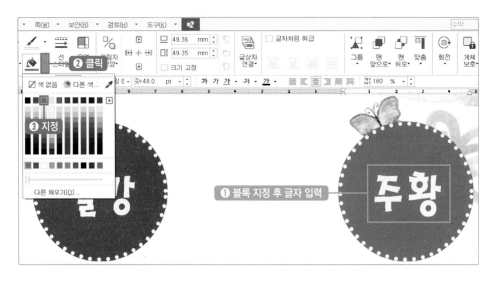

④ '빨강' 도형을 선택한 후 드래그하여 왼쪽 대각선으로 복사합니다. 이어서, **Esc** 키를 눌러 선택을 해제하고 내용을 드래그하여 블록을 지정한 후 '초록'을 입력하고 채우기(초록)를 지정합니다.

⑤ '초록' 도형을 **Ctrl** + **Shift** 키를 이용하여 오른쪽에 2개의 도형을 복사한 후 글자(파랑, 보라)와, 채우기를 (파랑 60% 밝게, 보라 60% 밝게)를 지정한 후 아래 그림과 같은 위치로 변경합니다.

TIP 도형 복사하기

❶ **Ctrl** 키를 누른채 드래그하면 원하는 위치에 자유롭게 이동하면서 복사할 수 있습니다.

❷ **Ctrl** + **Shift** 키를 누른채 드래그하면 수평 또는 수직으로 반듯하게 복사할 수 있습니다.

02 도형에 하이퍼링크 입력하기

① 2쪽 '빨강'을 하이퍼링크로 연결하기 위해 **Alt** + **Page Down** 키를 눌러 2쪽으로 이동합니다. 이어서, [입력]
탭의 '책갈피(📑)'를 클릭합니다.

② [책갈피] 대화상자가 나오면 책갈피 이름에 '빨강'을 입력한 후
<넣기> 단추를 클릭합니다.

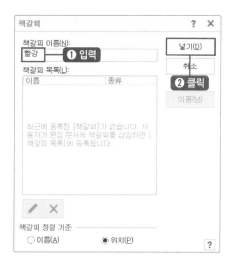

③ **Alt** + **Page UP** 키를 눌러 1쪽으로 다시 이동합니다. 이어서, '빨강' 도형의 테두리 위에서 마우스 모양이 로 바뀌면 클릭하여 도형을 선택한 후 마우스 오른쪽 단추를 클릭하여 '하이퍼링크'를 클릭합니다.

④ [하이퍼링크] 대화상자가 나오면 [연결 대상]을 [현재 문서]-[책갈피]-'빨강'을 선택한 후 <넣기> 단추를 클릭합니다.

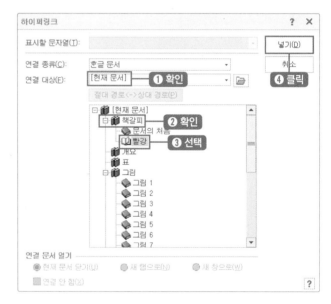

⑤ 1쪽의 하이퍼링크로 연결된 '빨강 도형'에 마우스를 가져가면 커서가 손모양으로 변경되는 것과 '빨강 도형'을 클릭하여 2쪽으로 이동하는지 확인합니다.

▲ 1쪽   ▲ 2쪽

⑥ [파일] 탭에서 [다른 이름으로 저장하기]를 클릭합니다. [다른 이름으로 저장하기] 대화상자가 나오면 본인의 폴더에 '하이퍼링크(홍길동)'으로 저장합니다.

📂 불러올 파일 : 23장_혼자서.hwp 🖫 완성된 파일 : 23장_혼자서(완성).hwp

① 도형에 하이퍼링크 입력하기

❶ 하이퍼링크를 지정하기 위해 주황, 초록, 파랑, 보라가 있는 페이지를 책갈피 등록을 합니다.

❷ 하이퍼링크가 지정되지 않은 도형에 하이퍼링크를 지정합니다.

❸ 단, 파랑과 보라는 도형이 아닌 글자에 하이퍼링크를 지정합니다.

※ 글자를 마우스로 드래그한 후 마우스 오른쪽 버튼 '하이퍼링크' 클릭하여 지정하면 됩니다!

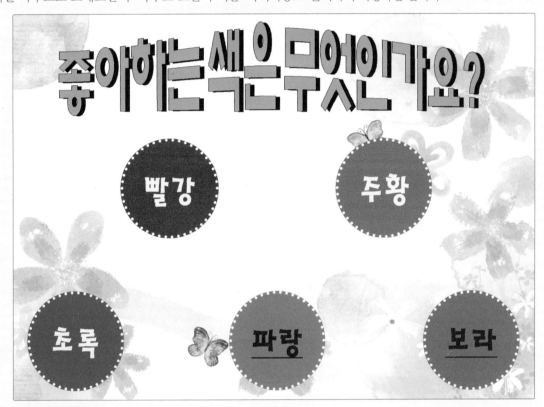

TIP 하이퍼링크

도형의 테두리를 선택하지 않고, 글자가 선택된 상태에서 하이퍼링크를 지정하면 아래 그림과 같이 밑줄이 생기며, 글자색이
파란색으로 바뀝니다. 하이퍼링크를 잘못 연결했을 경우에는 Ctrl + Z 키를 눌러 '되돌리기'를 한 후 다시 작업합니다.

📋 붙이기(P)...	Ctrl+V
※ 문자표(C)...	Ctrl+F10
가 글자 모양(L)...	Alt+L
彡 문단 모양(M)...	Alt+T
스타일(S)...	F6
문단 번호 모양(N)...	Ctrl+K,N
🌐 하이퍼링크(Y)...	Ctrl+K,H
채우기(I)	▶
교정 부호 넣기(R)	▶
🗋 개체 속성(P)...	
글상자 속성 없애기(G)	

단원 종합 평가 문제

학 습 목 표

● 17장~23장에서 배운 내용을 평가해 봅니다.

1 그림에 나온 '한' 이라는 글자는 기능은 무엇인가요?

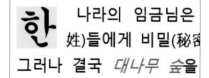

❶ 강조점　　　　❷ 문단 첫 글자 장식

❸ 글자 색　　　　❹ 문자표

2 그림과 같이 그리기마당 개체를 분리하기 위한 기능은 무엇인가요?

❶ 개체 풀기　　❷ 개체 묶기　　❸ 복사하기　　❹ 붙이기

3 그림은 어떤 기능으로 만든 걸까요?

❶ 그림

❷ 그리기마당

❸ 도형만들기

❹ 차트

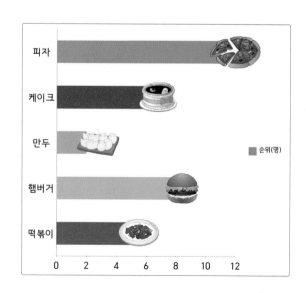

④ 글자나 도형을 클릭하여 문서의 다른 곳으로 이동하게 해주는 기능은?

❶ 책갈피 ❷ 하이퍼링크 ❸ 복사하기 ❹ 붙이기

⑤ 작업 순서를 참고하여 아래 그림과 같이 문서를 완성하세요.

📂 불러올 파일 : 없음 📄 완성된 파일 : 24일차(완성).hwp

〈작업 순서〉

❶ 그리기마당 - 전통(전래동화)- '의좋은형제' - 넣기

❷ '의좋은형제' 개체 위에서 마우스 오른쪽 단추 - [개체 풀기](3번 반복) - Esc 키로 선택 해제

❸ 쌀가마니 그림을 클릭하여 삭제

※ 삭제는 Delete , Back space 키 사용

❹ 그리기마당에서 찾을 파일 - '쌀' 〈찾기〉 – 찾기결과 '전기밥솥' - 〈넣기〉

❺ 왼쪽 동생 쌀가마니 자리에 '전기밥솥'을 드래그하여 배치 및 크기 조절

❻ 오른쪽 형님 쌀가마니 자리로 복사하기 - [회전] 좌우대칭

❼ 전체 개체를 선택한 후 [개체 묶기]

MEMO